Ute und Freddy Dwořak

Channeling und Karma

Wege zur Heilung

VERLAG PETER ERD · MÜNCHEN

Die Deutsche Bibliothek – CIP-Einheitsaufnahme

Dwořak, Ute:
Channeling und Karma : Wege zur Heilung / Ute und
Freddy Dwořak. – München : Erd, 1994
ISBN 3-8138-0321-X
NE: Dwořak, Freddy:

Umschlaggestaltung: Atelier Nittner, München

Satz: Utesch Satztechnik GmbH, Hamburg
Druck und Verarbeitung:
Schauenburg Graphische Betriebe, Schwanau
Printed in Germany
ISBN 3-8138-0321-x

Inhalt

Wir danken unserem Verleger Peter Erd,
der es möglich machte, dieses Buch der Öffentlichkeit,
also Ihnen liebe Leser, so wie es ursprünglich
geschrieben wurde, zugänglich zu machen.

Ein Wort zuvor

Frühmorgens sah ich noch verschlafen aus dem Fenster. Ein Tag wie jeder andere – oder doch etwas Auffälliges? Heute roch die Luft frischer, kühler und – das kann doch nicht sein – nach Schnee. Vorgestern stand das Thermometer noch auf 34 Grad. Und heute kalt, Gott sei Dank Regen, denn es hatte den ganzen Sommer über kaum geregnet.

Nach dem Frühstück gingen wir mit Funny, unserem Dackel, hinaus. Für meinen Mann und mich eine Freude, den Tag mit dem Hund und der erwachenden Natur zu beginnen. Während wir, jeder für sich, den Weg entlang trotteten, hüllte ich mich mit jedem Schritt in ein Lichtfeld voller Freude ein.

Mit dieser Technik werde ich naturverbundener und kann in meinen Kanal als Medium treten. In diesem medialen Zustand finde ich Kontakt zu den Lichtsphären und lausche intensiver auf die stillen Gefühlsausdrücke der Natur. Natürlich, liebe Leser, kann ich auch sofort in den Normalzustand zurückkommen, um einem größeren Hund oder einem mir entgegenkommenden Jogger auszuweichen und sogar zu grüßen. Ich habe es mir angewöhnt, so spazierenzugehen, auch Joggen ist in diesem Zustand möglich. Ich empfehle aber erst zu üben, falls Sie es, liebe Leser, ausprobieren möchten.

Eine frische Brise belebte mein Gesicht und somit meine Gedanken. »Ob die Bäume nun über den Regen glücklich sind? Können Bäume fühlen?«

Welch kindliche Frage, aber so kindlich ist sie eigentlich gar nicht. Denn Gefühle drücken sich in Emotionen und Emotionen in Bewegung aus. Nur die Kommunikationsebenen, auf denen sich diese Gefühle bewegen, sind verschieden.

Und schon glitt ich mit diesem Gedankenspiel in die Dimension, die ich schon seit Jahren kenne, also in die, die ich den Menschen als Dolmetscher vermittle. Die Dimension, eine hochfrequente Lichtenergie, teilte mir bei diesem Spaziergang folgendes mit:

(Die im Buch kursiv geschriebenen Textabschnitte sind Durchsagen meines Kanals – Channelings.)

Der Mensch steht in einer besonderen Beziehung zur Natur. Er hinterläßt seine Spuren, wo immer er sich befindet, und das ist genau der Umwandlungsprozeß, den er jetzt, in der heutigen Zeit, erlernen muß. Was wir meinen, ist, daß der Mensch Alimente an die Erde zahlen muß, die er schon vor einigen Jahrtausenden ausgeplündert hat. Die Natur gibt euch Rohstoffe, die ihr Menschen geschickt und richtig verarbeitet, so daß Leben in den Städten, Leben nach den Bedürfnissen der Kulturen entsteht. Sie erfüllt euch jeden Wunsch, den ihr auf der Erde verwirklichen wollt.

Du fragtest dich heute morgen richtigerweise nach dem Duft des Schnees und wie es sein kann, daß Temperaturstürze dieser gewaltigen Art in eure Breiten eindringen.

Die Antwort der Erde wurde über viele Jahre der Industrialisierung und weit davor nicht erhört. Auch die Erde will leben und sich aus kosmischer Sicht mit euch entwickeln. Dort, wo Bodenreichtümer abgetragen wurden, müßte der Mensch statt der üblichen Handlungsbezahlung wieder Natur errichten, um einen gewissen Aus-

gleich zu ermöglichen. Wir erinnern an verwüstete Landschaften, eingeschlagene und abgeholzte Schneisen, tiefe nach Grabungen zurückgebliebene Löcher, nicht zu vergessen die Umweltgifte. Beim Kiesabbau bleiben riesige Löcher zurück. Hier fordert die Erde Bepflanzung, um neue Biotope und Atmungsflächen entstehen zu lassen.

Das ist eure Aufgabe, Menschen, dort, wo ihr nehmt, auch wieder Natur zu geben. Wir können hier viele Beispiele aufzählen, jedoch würdest du dann noch kilometerweit gehen müssen. Deine Frage über das Wetter liegt uns sehr nahe, denn durch das Fehlbeachten der Naturgesetze nimmt der Mensch sich Atem und Lebensfläche. Die Klimakatastrophen sind in der heutigen Zeit ein Zeichen der noch nicht harmonisierten Erdatmosphäre. Der Mensch wird nun durch Katastrophen, die für ihn emotionale Beobachtungen sind, gezwungen, entsprechend zu handeln. Genauso, wie ein Bankdirektor seine Schuldner pfändet, beginnt das Klima euch zu pfänden. Nur räumt es dem Menschen jetzt noch Entwicklungsphasen ein, in denen er sich noch bewähren kann.

Du fragtest nun zu Recht, ob der Mensch noch in der Lage sei, sein Verhalten zu ändern. Wir meinen ja! Der Mensch ist verschiedenen Mustern ausgesetzt und diese Verhaltensmuster, die auf Gewohnheiten oder auf tiefliegende karmische Beziehungen zurückzuführen sind, muß er lösen, um wieder mit seiner Intuition naturbewußter leben zu können, auch überleben zu können. Das Neuzeitalter hat hier Möglichkeiten eingeräumt, Muster auf die verschiedensten Weisen zu lösen. Im heutigen Zeitgeist arbeiten schon viele Psychologen über ihre Therapie am Menschen, um ihn zu sich selbst zurückzuführen und Gewohnheitsmuster abzutragen. Der

Mensch entfremdete sich seiner Natur, weil er sich in Gewohnheiten oder Gewohnheitsmustern bewegt, die entweder in diesem Leben (jetzt, Kindes- und Erwachsenenalter) entstanden sind oder tiefe karmische Verwurzelungen aufweisen. Es entsteht in der heutigen Welt mehr und mehr das bewußte Leben. Meditationszentren bieten den Menschen Lösungen und Techniken an, erstens einen Ruhepol im körperlichen Menschen zu erschaffen und zweitens den Menschen in seine Natur zu integrieren. Auch sportliche Anbieter erkennen, wie wichtig unsere grünen Lungen (Bäume) bei der Ausübung verschiedenster Sportmöglichkeiten sind. Natur ist Erholung! Augen und alle Sinne werden so gleich mittrainiert. Musterlösung ist heute der einzige Weg, um auf der Erde in Zukunft noch überleben zu können.

Wenn wir die Menschen in ihren Abhängigkeitsmustern zueinander sehen, so finden wir genügend Beispiele, wie sie ihrer natürlichen Begabung, auch Freiheit, sich zu entwickeln, beraubt werden. Die Folge sind häufig verborgene sowie akute Krankheiten.

Nun gut, das war ein kleiner Vorgeschmack auf das, was dich in der kommenden Zeit erwartet. Du schreibst ein Buch über die Vorgehensweise der Techniken und des Verständnisses, Karma und Muster zu lösen.

Beginne jetzt wieder langsam in das Tagesbewußtsein zu gleiten.

Schnellen Schrittes eilten wir zurück, dabei erinnerte ich mich an jedes Wort und schrieb diese Botschaft auf.

Der Wetterbericht meldete Schnee bis auf 1500 Meter, ein Blick aus dem Fenster zur Hochries, einem Berg im Chiemgau, bestätigte dies. Erster September 1992 und schon ein Hauch Winter. So übertreiben mußte ich wirklich nicht, aber ich war sehr erleichtert, daß diese

Hitzeperiode vorüber war. Ich spürte in mir noch das vergangene Seminar, das vor zwei Tagen stattfand. Trotz glühender Hitze channelte ich wie in jedem Seminar die Meditationen und Antworten live. Einige Kursteilnehmer nahmen in den Pausen kalte Armbäder, um den Humor nicht zu verlieren. Inzwischen schneite es auf 1000 Meter, und ein strenger kalter Wind erinnerte mich an den Spaziergang, der mir die Botschaft vom ersten September vermittelte. Ich dachte über das Buch nach, das ich schreiben sollte, nur wußte ich noch nicht, welches Kapitel sich an das erste schließt. So vertiefte ich mich in eine weitere Meditation, schaltete mein Aufnahmegerät ein und bekam das folgende Kapitel diktiert.

Was ist Channeling?

Channeln ist eine besondere Art, kosmische Energien während der Meditation durch das Gehirn strömen zu lassen, wo sie dann über die Schaltstellen der Drüsen wie Hypophyse, Thymus, Keimdrüsen, Nebennieren als gedankliche Impulse aufgenommen werden. Anders ausgedrückt, es ist eine tiefe Form des Kanal-Seins für die hochfrequenten Lichtallströme. Denn im Kosmos, oder sagen wir, der Kosmos besteht aus den verschiedenartigsten Schwingungen, die sich später zu einer Dichte zusammenschließen, die dann das Material zu dem befragten Thema abgeben. Darauf ist im Kapitel »Schwingungen« in unserem ersten Buch »Meditationen für die Seele« deutlich verwiesen worden.

Sagen wir so: Channeln ist eine neue Form, Kanal für kosmisch hochfrequente Lichtenergien zu sein, die in die menschliche Sprache, also das Wort, den Satz oder in Hellsehen, Hellfühlen oder in eine künstlerische Art verwandelt werden können. Daraus ergibt sich, daß sich Channeln auf vielerlei Arten ausdrücken kann, wie zum Beispiel im Malen, im Singen, im Komponieren, im Kochen, im Arbeiten, das heißt, in jeglicher Arbeit und im privaten Bereich des Menschen.

Channeln ist der Überbegriff für einen störungsfreien Kanal, also reinen Kanal, der in seinen Chakren sowie in seinem Denkverhalten keine Blockaden aufweist. Die Energieströme fließen über die Energiezentren direkt als Impulse in das Gehirn. Von dort aus fließen sie als chemische Reaktionen dem Gehirn als Schaltungszentrum zu, welches dann weiter auf die Nervenverbindungen der Synapsen verweist. Über die Synapsen, die Schaltstellen der Nervenverbindungen, fließen sie in das spezifische Organ, in dem der Channelprozeß dann auch seine Wirkung zeigt. Das Geistheilen ist auch eine Form des Channelings, bei der reine, kosmische Heilenergie von dem jeweiligen Kanal, also Medium, auf den empfangenden Menschen übertragen wird. Über das feinstoffliche Kreislaufsystem werden positive Reaktionen hervorgerufen, die sofort an das kranke Organ weitergeleitet werden. Channeln bietet heute die Möglichkeit, schneller Informationen über die Menschen herauszufinden – allerdings nur in Situationen, in denen der Mensch der Hilfe bedarf. Später folgen Beispiele, wie wir im Channelingsprozeß, bei dem sich Raum und Zeit auflösen, in Gegenwart, Zukunft und Vergangenheit Einblick gewähren. Das heißt, das zeitliche Gefüge in die Zeit zu integrieren, aus der der Mensch etwas Wissenswertes in Erfahrung bringen will. Das Channeln an sich kann jeder Mensch erlernen, vorausgesetzt, die kosmische Einheit befürwortet dieses. Es setzt aber voraus, daß die Blockaden im Menschen gelöst werden müssen, denn sonst sind Channelaussagen verzerrte Hinweise, sofern sie nicht von dem, der den Kanal aufsucht, mißverstandene, falsch interpretierte Informationen sind. Hierzu soll aber das Medium selbst aus seiner eigenen Erfahrung zusammenfassen, was es bisher als Kanal in sich erfahren hat. In diesem Sinne sagen wir bis zur nächsten Meditation, die über Muster handelt, bis bald.

Meine Erfahrungen als Channel

Nun, wenn ich von mir erzähle, kann ich dem Leser nur das beantworten, was ich aus meiner Sicht als wichtig ersehe, um wissenswerte Erfahrungen weiterzugeben.

Ein Medium muß bestimmte Voraussetzungen erfüllen, um überhaupt das Verständnis dafür aufzubringen, was ein Medium bewirken soll. Ein Medium (Channel), zugänglich für die Öffentlichkeit, hat vor dieser Inkarnation beschlossen, mit seinem geistigen Willen in dieses Konzept Erde mit allen Gesetzmäßigkeiten einzusteigen, um dann noch mit seinem Persönlichkeitswillen (alles das, was der Mensch nach seiner Geburt erlebt) den geistigen Beschluß physisch zu erfassen, diesen Beschluß auch zu erkennen und daran zu arbeiten. Also seine medialen Fähigkeiten zu trainieren.

Ich bekomme Anrufe von Menschen, die um meine mediale Hilfe bitten. Um überhaupt zu wissen, ob ich diesem Menschen Auskunft erteilen darf, muß ich über ihn meditieren. Dieses ist ein feststehendes Muß. Denn viele Faktoren stehen für eine mediale Auskunft und viele dagegen. Ich nehme also diese Person in meine Meditation und erhalte von der geistigen Welt nur die Information, die für den Fragenden passend ist.

Zum Beispiel, Frau X bekommt einen Channeltermin, weil sie mit ihrer privaten Situation nicht zurechtkommt. *»Sag ihr, sie soll mit ihrer Entscheidung noch abwarten, eine Scheidung ändert das Karma nicht.«*

Solche Informationen gebe ich sehr behutsam an diese Person weiter, frage sie, ob sie die Botschaft übernehmen kann, und bitte sie, die Auskunft für sich zu prüfen.

Es kommt nicht selten vor, daß ich Menschen, die um ein Channelgespräch bitten, auf eine Wartezeit vertrösten muß, weil entweder ein Entwicklungsprozeß noch nicht abgeschlossen oder die Tiefe des Verständnisses für dieses Gespräch (Reife) noch nicht erreicht ist. Entweder verweise ich diese Menschen an seriöse Kartenleger oder andere Experten.

Das besondere an einem Channelgespräch ist, sofern die Teilnahme am Seminar dies nicht erübrigt hat:

Menschen erfahren von mir, also meinem geistigen Kanal, wie sie ihr Lebensziel sicherer erreichen. Gesundheitliche Blockaden werden erklärt und wie sie diese Blockade mit welcher Affirmation oder mit welchem Umwandlungsbild aus einer karmischen Verbindung im geistigen Bereich verändern können, um durch das geistige Training auch zu ihrem physischen Ziel zu kommen. Diese Techniken erfahre ich für jeden individuell durch Meditation. Auch auf meinen Seminaren gehe ich auf die Menschen genau ein, um ihnen Hilfestellung und Anleitung beim Lösen ihrer Lebensaufgaben zu geben.

Ein Beispiel: Ein lebensfroher, liebevoller Vater von zwei Kindern führte zusammen mit seiner Frau bis zu seinem 45. Lebensjahr ein glückliches, erfolgreiches Leben. Meditation kannte er nur vom Namen her. In einem meiner Seminare hörte ich meine geistige Führung sagen: *»Nimm Herrn B auf die Seite und sage ihm, seine Selbstmordgedanken stammen aus einem Karma.«* Der Mann erfuhr in einem anschließenden Channeling Lösungen, wie er dieses Karma ändern konnte.

Bei einer anderen Kursteilnehmerin meinte mein Kanal, daß sie Schwierigkeiten mit dem Gallenfluß habe und ärztliche Hilfe in Anspruch nehmen solle. Ihr Sonnengeflecht war wegen einer Persönlichkeitsbeziehung überlastet. Sie nickte und antwortete. Sie trat vor einem Jahr wegen ihrer Tante eine Psychotherapie an. Auch dies stellte sich als eine karmische Beziehung heraus, die sich mit einigen Meditationssitzungen besserte.

Eine andere Frau fragte: »Weil wir schon bei der Galle sind, möchte ich fragen, warum ich Gallensteine bekam?« Ich antwortete mit meinem Kanal: *»Die Ursache liegt in Ihrem 15. Lebensjahr. Hier hatten Sie eine Auseinandersetzung mit Ihrer Mutter.«* Die Frau dachte nach und verwundert gab sie zu, daß sie mit 15 Jahren den Entschluß faßte, Maskenbildnerin zu werden. Ihre Eltern ignorierten den Beschluß und verwiesen sie auf eine Banklehre. Sie erzählte weiter, daß sie mit 17 Jahren auf eigene Faust von zu Hause auszog und an einem großen Theater in München als Maskenbildnerin zu arbeiten begann. Um nun zu erklären, was dies mit der Galle zu tun habe, kam aus meinem Kanal folgende Antwort. *»Durch den ersehnten Wunsch und der Depressions- und Aggressionsphase dieser Frau wurde von der Psyche (Unterbewußtsein) das Signal an die Galle gesendet, unregelmäßig zu arbeiten. Somit entstand der Gallenstein aus dem Zusammenspiel von Psyche und Körper.«* Sie bekam von meinem Kanal eine Affirmation, die diesem Jugendtrauma entgegenwirkte.

Viele Menschen fragen mich immer wieder, wie ich die Fähigkeit, ein Medium zu sein, erlangt habe. Soweit ich mich zurückerinnere, konnte ich als Kind die Auren von Menschen sehen. Wunderschöne Farbenspiele, Lichtspiele in teils kräftigen und teils zarten Tönen zeichneten sich an den unterschiedlichsten Menschen ab. Ich träumte Erlebnisse voraus, fühlte in spezifischen Augenblicken starke intuitive Impulse. In den verschiedensten Situationen erlebte ich Lichtwesen, die mir genaue Erlebnisse erklärten. An eines dieser Erlebnisse erinnere ich mich noch sehr genau.

Ich war sieben Jahre alt und ein herbstlicher Spätsommertag lud zum Drachensteigenlassen ein. Ich wohnte damals in einer Vorstadtsiedlung mit circa 2000 Einwohnern und ländlicher Idylle. Ich nahm den selbstgebauten Drachen meines Bruders mit auf das schon abgeerntete Roggenfeld und ließ Meter für Meter den bunten Drachen zum Himmel steigen. Herrlich – meine Gedanken waren durch den Drachen mit dem Himmel verbunden. Der Drachen taumelte, ein Zeichen, daß der Wind, der ihn in die Lüfte hob, nachließ. Es dauerte nicht lange, bis der Drachen zu Boden stürzte und ich auf das stoppelige Feld fiel. Da saß ich nun, klein und traurig, denn ich hatte eine Auseinandersetzung zwischen meinen Eltern erlebt. Ich fühlte mich so klein, nutzlos und dachte an einen lieben Gott, der doch allen Menschen helfe. Aber wo war er und wo konnte ich ihn erreichen? Wahrscheinlich fühlen sich viele Kinder hilflos in Situationen, in denen die Erwachsenen sie nicht verstehen.

Ich stand vom Stoppelfeld auf und hörte eine tiefe dunkle Stimme aus der Ferne und eigenartigerweise doch so nahe zu mir sprechen: *»Du bist für die Menschen und die Tiere da, steh auf und geh nach Hause.«* Eigenartigerweise spürte ich in mir eine große Ruhe, faßte es auch als ganz selbstverständlich auf, daß ich eine Stimme hörte. Ich schaute mich um, um vielleicht doch noch den Sprecher mit der freundlichen Stimme zu finden.

Weit und breit war kein Mensch zu sehen, aber ich konnte die Stimme doch laut hören, fast fühlen, denn in mir spürte ich eine starke Vibration, die mit der Stimme verbunden war. Sonderbar war der Satz: »Du bist für die Menschen und Tiere da.« Auf dem Heimweg erlebte ich dieses Geschehen immer wieder in meinem Gedächtnis nach.

Ich redete lange Zeit mit niemandem über dieses Erlebnis, sondern blieb wachsam. Ob mir so etwas ja noch einmal begegnen könnte? Konnte Gott doch sprechen? Aber warum sehe ich ihn nicht, versteckt er sich, und warum tut er das? Kindliche, aber wache Gedanken, die mir den Impuls gaben, genauer das Leben zu beobachten; genauer hinter die Handlungen der Menschen zu sehen, und das mit sieben Jahren. Natürlich wollte ich über meine Erlebnisse sprechen, doch welche Mutter oder welcher Vater der damaligen Zeit hätte ihrem Kind geantwortet: »Wir sind stolz auf dich, weil du so eine große Phantasie hast«? Niemand konnte mir die Frage beantworten, wer zu mir gesprochen hatte. Das machte mich traurig, aber ich fand ab und zu einen Menschen, der mir zuhörte und kritisch wie auch offen mit mir darüber sprach. Im Religionsunterricht wurde uns erzählt, daß Gott spricht. Doch hätten mir die Menschen damals geglaubt, daß ich ein parapsychologisches Phänomen erlebt hatte? Und so begann meine bewußte Reise zu den Spuren der Spiritualität. Zwischen dem 14. und 16. Lebensjahr verneinte ich jeglichen Glaubenskult und alle parapsychologischen Phänomene.

Mit 16 Jahren begann ich ein soziales Praktikum im Krankenhaus. Ich war auf einer Station, in der viele Menschen starben und auch die soziale Not groß war. Hier begann sich die Reise der Spiritualität fortzusetzen. Bis hin zu dem Tag, an dem ich begann, für Menschen sowie Tiere zu meditieren und diese Stimme durch mich sprechen zu lassen.

Während eines Vortrages in München fragte mich ein Mann: »Was fühlst du in diesem veränderten Zustand?

Du sprichst vom Channeln.« Ich antwortete: »Jede Channelsitzung ist auf ihre Weise einzigartig.«

Mein erstes Buch, »Meditationen für die Seele«, entstand in tiefer Trance, das Tagesbewußtsein war ausgeschaltet. Im Liegen versetzte ich mich in den Lichtkreis, öffnete meine Chakras und ließ die geistigen Sphären durch meinen Körper sprechen. Zuerst sah ich Farben und gleichzeitig wurde ich aufgefordert, jedes Wort nachzusprechen. Ich konzentrierte mich auf jedes Wort, ohne den gesprochenen Zusammenhang zu verstehen. Hätte ich mich bemüht, den gesprochenen Zusammenhang zu erfassen, hätte sich mein Tagesbewußtsein, das verstandesmäßige Kontrollsystem, eingeschaltet. Mein Mann schrieb die Tiefentrancesitzungen auf und später gewöhnte ich mich daran, das Gesprochene mit einem Aufnahmegerät mitzuschneiden.

Während ich Wort für Wort nachsprach, durchflutete mich eine Energie, die den Körper gleichmäßig belebte.

Verschiedene Körperhaltungen, die ich einnahm, verstärkten die Energieaufnahme. Anfangs war ich nach den Channelings müde, manchmal verspürte ich heftiges Brennen am Herzchakra, bis mir mitgeteilt wurde, daß die Frequenzen der Lichtenergien verschieden seien und mein Körper noch trainiert werden müsse, um diese Frequenzen tolerieren zu können.

Ich räumte mir tagelange Pausen ein, erfuhr dann weiter, wie ich den Körper energiedurchlässiger machen konnte, hielt mich an jede Anweisung und kann heute ein Acht-Stunden-Seminar, bei dem alles gechannelt ist, durchhalten, ohne Muskelkater zu bekommen.

Ja, es ist zum Lachen, daß der Mensch Muskelkater verspürt, wenn er zuviel meditiert. Ich kann das so erklären: In dem Moment, da ich an meinem Kanal angeschlossen bin, empfange ich wie eine Parabolantenne Lichtenergien (kosmische Energien), die sich durch mein Bewußtsein zentrieren und den Körper in eine andere Zellfrequenz versetzen. Da die Zellen sich durch die Meditation in ihrer Qualität verändern, auch strapazierfähiger werden, unterliegen sie beim Meditationstraining einem Umwandlungsprozeß.

Ein berühmter, deutscher Tennisprofi muß auch viele Trainingsstunden hinnehmen, bevor er zu einem Topspieler wird. Natürlich braucht mein Körper nach einem Channelmarathon genauso Ruhe wie ein Sportler nach seinem Match. Immer wieder muß ich meinen Kanal freihalten, um die Funktionen aufrechtzuerhalten. Also ständiges Training mit für mich speziellen Übungen ist stets angesagt.

Im Sommer 1990 änderte sich das Channelingverfahren. Ich sprach nicht mehr wie gewohnt in den Sitzungen Wort für Wort nach, sondern meine Stimmbänder änderten die Tonlage sowie auch die Aussprache ihre normale Klangfarbe. Dazu nun ein Erlebnis.

Ich bat die geistige Welt in einer Meditation einmal, direkt durch meinen Körper zu sprechen, denn ich hatte anfangs Zweifel, ob ich mir die Wörter nur »einbilde«.

Ich setzte mich auf einen Stuhl, versank mit Hilfe der in meinem Buch »Meditationen für die Seele« angeführten Techniken in Meditation und äußerte meinem Schutzengel gegenüber die Zweifel, die mich plagten.

Mein damaliger Schutzengel gab mir die Botschaft: *»Steh auf und geh zum nächsten Spiegel.«*

Ich war verblüfft, denn diese Anweisung hätte ich im Traum nicht erwartet. Ich trat vor den Spiegel und lauschte meinem Schutzengel (manche Menschen bezeichnen ihren Schutzengel als innere Stimme).

Ich bezeichne es als Schutzengel, denn ich sah diese Lichtwesen vor mir, und auch die Stimme, die zu mir sprach, unterschied sich in der Klangfarbe von der meinen.

Ich stand also vor dem Spiegel und hörte folgendes: *»Öffne die Augen und spreche die Worte nacheinander: Reinheit, Klarheit.«* Ich kam mir schon etwas komisch vor, aber die Neugier war größer, und ich sprach die beiden Worte. Plötzlich veränderte sich meine Stimme in eine tiefe Klangfarbe und die Stimmbänder vibrierten deutlicher. Die Stimme identifizierte ich eindeutig als männlich. Es war sehr anstrengend, und ich bat, diese Meditation wieder beenden zu dürfen.

Ein für mich einschneidendes Erlebnis, bei dem ich lernte, daß nichts unmöglich zu sein scheint. Deshalb spreche ich auch in einem fremden Dialekt, wenn ich sehr tief in Meditation bin. Auch die Wortwahl entstammt nicht meinem gewohnten Wortschatz.

Liebe Leser, das Meditieren ist nicht immer eine ernste Angelegenheit, dazu kann ich ihnen genügend lustige Beispiele vorstellen.

Eine Kursteilnehmerin fragte mich:

»Sprechen die Schutzengel die gleiche Sprache, also eine Einheitssprache?«

Ich mußte lachen und antwortete: »Jeder Mensch hat eine andere Dialektform, auch seine verstandesmäßige Auffassungsgabe sowie Humor und Ernsthaftigkeit sind unterschiedlich gelagert. Die Schutzengel teilen sich ihren Schützlingen immer so mit, wie diese am zugänglichsten sind. Der eine liebt den Humor, also sind die Eingebungen der geistigen Dimensionen in einer humorvollen Sprache abgefaßt, der andere ist ein Philosoph und wird in seiner philosophischen Art meditativ belehrt.«

Die interessanteste Form finde ich, ist die Mischform, die während meiner Durchsagen sehr häufig erscheint. Die geistige Welt, die sich in die verschiedensten Bereiche gliedert (verschiedene Lichtsphären, Seelenaspekte, Höheres Selbst, Schutzengel, das Tier-, Pflanzen-, Mineral- und Erdreich), teilt sich jeweils in Energieformen mit, die in mir die verschiedensten Reaktionen hervorrufen. Dazu ein Beispiel:

Die Seminarteilnehmer schreiben nach jeder Meditation ihre Eindrücke und Bilder auf, um danach Fragen über Meditationserlebnisse in ihrer Bedeutung zu stellen. Die Antworten werden von mir live gechannelt, also im Kanal gesprochen.

Eine junge Frau, 27 Jahre, meinte:

»Ich kann mit meiner Meditationserfahrung schon etwas anfangen, aber ich habe dazu eine andere Frage. Seit zwei Jahren habe ich nach einem Beinbruch Schwierigkeiten mit meinem rechten Bein. Ich habe die verschiedensten Methoden der Homöopathie, klassischen Medizin, Meditation und Karmalösung versucht, aber die Schwellung kehrt ab und zu am rechten Bein zurück. Warum?«

Ich fragte: »Hast du den Grund im Zusammenhang meditiert?«

Sie antwortete: »Ich kann mir die momentane, psychische Ursache dieser Beinschwellung vorstellen, aber ändern kann ich sie nicht!«

Die Frage blieb offen im Raum stehen. Ich versenkte mich und hörte die geistige Welt sagen: *»Gebt ihr einen Eimer voll kaltem Wasser und dann is a Ruh!«*

Ich mußte lachen, weil ich mit so einer Antwort nicht gerechnet hatte. Die Kursteilnehmer schauten mich erwartungsvoll an, sahen aber nur das lachende Gesicht.

Ich traute mich nicht, diese Übermittlung auszusprechen und forderte die geistige Welt auf, die Antwort noch einmal laut durch mich zu wiederholen.

»Gebt ihr frühmorgens nach dem Aufwachen sofort einen Eimer, vollgefüllt mit eiskaltem Wasser. Sie soll mit dem linken Bein aus dem Bett kommend den ersten Schritt in den Eimer tun.«

Die junge Frau sowie alle anderen Seminarteilnehmer bogen sich vor Lachen, da jeder sich diese morgendliche Zeremonie bildhaft vorstellen konnte.

»Einige Zeit verweilen und folgende Affirmation sprechen: Ich liebe mein Leben, nur positive Empfindungen ziehen in meinen Körper ein.«

Als wir uns wieder gefangen hatten, forschten wir nach dem tieferen Sinn dieser Aussage und hörten vom Kanal folgendes:

»Es freut uns, daß ihr darüber so herzlich lacht. Denn Lachen fördert durch die tiefe Gewebsentspannung und Entladung des überaktiven Zellpotentials die Wiederherstellung des Gefäßausgleichs im gesamten Körper.

Nun zur morgendlichen Prozedur. Der Kältereiz provoziert eine tiefe Atmung, es folgt eine momentane Gefäßverengung, die über den Reflexbogen auf das rechte, betroffene Bein (entfernte Bein) gefäßausgleichend wirkt.

Durch die tiefe Atmung wird der Körper mit mehr Sauerstoff versorgt.

Durch den emotionalen Reiz des Kaltwassergefühls und der laut gesprochenen Affirmation steigt die Aufnahmefähigkeit des Unterbewußtseins.

Denn im Unterbewußtsein liegen die Kräfte, die den gesamten Heilungsprozeß einleiten und steuern.«

Die Seminarteilnehmer und ich kamen, nachdem ich

den ersten gechannelten Gedanken preisgegeben hatte, *»gebt ihr einen Eimer voll Wasser und dann is a Ruh!«*, zu dem Schluß: »Ein kurzer, würziger Satz, mit einer langen dahinterstehenden Aussage. Trotzdem liebe Leser, es darf gelacht werden.

Nach drei Tagen rief diese junge Frau bei mir an und bestätigte mir die prompte Wirkung. »Das rechte Bein ist auch tagsüber vom Umfang wieder genauso wie das linke. Ist das herrlich!«

Auch andere Menschen, die mit mir meditieren, erleben lustige Szenen mit tiefgreifender Wirkung. In einem späteren Kapitel, in dem es um Seelenkontakt und die Aufarbeitung von Kindheitserlebnissen geht, gibt es dazu ein weiteres Beispiel.

Liebe Leser, ich habe Ihnen nun einiges über meine Channelerfahrungen mitgeteilt und möchte abschließend noch hinzufügen, daß Menschen, die mich aufsuchen, um ein Channeling zu bekommen, folgendes wissen sollten:

1. Channeling bietet die Einschau in alle Zeiten, also in Vorleben und in gegenwärtige Ereignisse. Durch eine genaue Analyse dieser Ereignisse werden dem Fragesteller Lösungen für seinen zukünftigen Bereich angeboten.
2. Die Channelergebnisse, die, um die Aussage festzuhalten, mit einem Kassettenrecorder aufgenommen werden, müssen selbst von den Menschen kontrolliert werden, um das Geistige auch in unserem »realen« Leben nachzuvollziehen.
3. Das setzt eine objektive Beobachtungsgabe, soweit möglich eine richtige Interpretation des Gesprochenen und auch das konsequente Anwenden des Übungsprogrammes voraus, welches im Gespräch in-

dividuell erklärt wird. Erst dann können die Menschen die Aussage des Channelings verstehen und im realen Wert nachvollziehen.

Übungsformel

Eine kurze Formel, auch anwendbar bei eigenen Meditationen. Ein Meditationsergebnis liegt vor. Wie soll der Meditierende damit arbeiten?

1. Anhören oder Ablesen
2. Wirken lassen
3. Im täglichen Leben beobachten, wie, wann, wo und mit wem die Meditationsaussage nachvollziehbar ist.
4. Die angegebenen Übungen probieren und aufschreiben, was sich dadurch verändert.

Kurzum, jeder muß selbst in den frischgebackenen Apfelkuchen hineinbeißen, um zu entscheiden, wie er schmeckt!

Vorbereitung zum Kapitel Muster

Inzwischen schreiben wir den 08. 10. 1992 und ich merke, es wird Zeit, das nächste Kapitel im Kanal zu sprechen. Ich lege mich bequem auf ein Sofa, hülle mich in ein positives Lichtfeld, öffne meine Chakras, verbinde mich mit den Allkräften und lasse die Energie durch meinen Körper sprechen. Das Gesprochene wird mit Hilfe eines Kassettenrecorders aufgezeichnet.

Was sind Muster?

Muster sind eingespielte, tief verwurzelte Handlungen des Menschen. Diese sich wiederholenden Handlungen sind in der Tiefe des menschlichen Unterbewußtseins gespeichert und in jeder Situation abrufbar. Auslösende Momente sind Schockerlebnisse jedes Lebensalters sowie verborgene Strukturen aus der Kinder- und Embryonalzeit und früheren Leben.

Wir können hier nun Beispiele anfügen, um dieses zu verdeutlichen.

Beispiel 1

Wir beobachten eine junge Frau, 30 Jahre, die in Rückschau auf ihre Gewohnheiten folgendes ermitteln kann.

»Immer wenn ich vom Schuheinkauf die Stadt verlasse und nach Hause komme, habe ich den Zwang, eine Tasse Kaffee zu trinken. Ich stelle die Einkaufspakete in den Flur und brühe mir eine Tasse Kaffee auf. Ich trinke nie Kaffee, weil er mir sonst nicht überaus schmeckt und ich nach einer Tasse das Gefühl habe, mein Herz beginnt zu rasen.

Verstehen kann ich diese unsinnige Reaktion nicht.«

Hinterfragen wir (im Channeling) dieses sich immer wiederholende Muster, so kommen wir auf den Ursprung zurück. Im Alter von sechs Jahren ging diese Frau mit ihren Eltern in die Stadt Schuhe kaufen. Nach dem Einkauf kehrten sie zurück in die Wohnung. Dort ver-

sammelte sich die ganze Familie am späten Nachmittag und trank bis zum frühen Abend ihren Kaffee. Das sechsjährige Mädchen wollte die Stöckelschuhe ihrer damaligen Mutter anziehen und ebenso eine Tasse Kaffee trinken, wie es ihr die Eltern vorlebten. Sie wollte sich wie ihre Mutter fühlen, doch es wurde ihr untersagt. Statt dessen bekam sie ein Glas Milch, die sie nie gern getrunken hat.

So ist dieses ein Muster, ein sehr einfaches und nicht allzu störendes, wenn die Frau heute ab und zu den Drang verspürt, Kaffee zu trinken. Sie spürt zwar, daß ihr Herz nach dem Genuß des Kaffees etwas pocht, aber eine gesundheitliche Gefährdung ist dieser Ablauf jawohl noch nicht.

Dieses Beispiel ist ein Hinweis, daß Ursache und Wirkung weit auseinander liegen, somit der Ursprung eines Musters in Vorzeiten zu finden ist.

Beispiel 2

Ein vierjähriges Kind wurde von einem kleinen Hund ins Bein gezwickt, zwar nicht sehr schmerzlich, aber doch fühlbar. Die Mutter nahm ihr Kind auf den Arm und schützte es vor dem Hund, aber ohne zu erklären, warum der Hund versuchte, das Kind in das Bein zu zwicken.

Der Grund war folgender: Das Kind lief im Spiel vor dem Hund davon und löste in dem Tier durch die ruckartigen Bewegungen beim Weglaufen den Jagdtrieb aus. Der Jagdtrieb, der bei diesem Hund sehr ausgeprägt war, wurde durch das ängstliche Verhalten des Kindes provo-

ziert, was zur Folge hatte, daß das Tier das Kind am Bein festhielt. Heute ist dieser Junge ein erwachsener Mann, der bei jedem Spaziergang von neuem seine Hundeangst überwinden muß.

Durch Meditation ist es möglich, diese Erlebensweisen aus dem Unterbewußtsein abzurufen und in veränderter Perspektive darzustellen. In der Meditation wird ihm dann erklärt, welche Verhaltensweisen er als Junge hätte zeigen müssen, um nicht von dem Hund gebissen zu werden.

Die Lösung wäre gewesen – stehen zu bleiben und mit dem Hund in Kommunikation zu treten!

Auch hier ermöglichen uns die Sichtweisen in der Meditation, Lösungen anzubieten, die das Unterbewußtsein von gespeicherten Schockerlebnissen befreien. Die Schockerlebnisse werden tief im Zellpotential und dann noch durch Affirmationen, die im Tagesbewußtsein gesprochen werden, umgepolt.

Was wir meinen, ist: Der Mensch kann durch bestimmte Meditationstechniken, auf die wir später kommen, sein Leben vereinfachen. In diesen beiden Beispielen finden wir störende Muster, also gewohnte Verhaltensweisen, die den Menschen das Leben erschweren. Natürlich gibt es auch Muster, die dem Menschen behilflich sind.

Zum Beispiel erleichtert sich ein Fastender sein Vorhaben, ist auch zielstrebiger, wenn er einen festen Plan einhält:

8.00 Frühstück	*11.00 Kosmetik*
9.00 Entspannung	*12.00 Mittag*
10.00 Gymnastik	*und so weiter.*

Auch Suchtkranke erfahren Erleichterung mit einem Tagesplan, der sich nach den individuellen Bedürfnissen richtet. Oft ist er sogar lebensnotwendig.

Nach diesem Durchsagetext kam ich zu folgender Überlegung: Wenn jeder Mensch seine Verhaltensweisen (Muster), die ihm hinderlich sind, schneller ändern würde, so könnten die Menschen friedlicher miteinander umgehen. Sie sind geklärter in ihrer psychischen Verfassung, also glücklicher, und übertragen somit Harmonie auf ihre Umwelt. Sie bemühen sich, sich der Natur in Bezug auf Technologie und Wohlstand anzupassen, ja auf die Bedürfnisse der Natur Rücksicht zu nehmen. Die politische Funktion der Menschen wird dadurch entspannter.

Blättere ich jetzt zurück zum Kapitel »Ein Wort zuvor«, so werden mir Zusammenhänge zwischen vermeidbaren Klimakatastrophen und Musterauflösung der einzelnen Gewohnheiten der Menschen gezeigt.

Denn jeder einzelne von uns (auch Du) trägt zum Wohlbefinden unserer Umwelt (Erde) bei. Auch ich lerne jeden Tag Neues, wie zum Beispiel Müllvermeidung, Mülltrennung, kontrolliert biologischer Anbau und so weiter.

Wenn ich mich umsehe, in die Städte gehe und dort zehnjährige Kinder in ihrem Verhalten beobachte, so wird mir sehr deutlich bewußt, daß diese Kinder, die bereits mit ihren zehn Jahren nach einer Zigarette greifen, den Zugang zu der Natur verloren haben.

»Die Natur kann euch so viel Kraft und Freude schenken«, hörte ich in mir sagen. Eltern und Kinder sind aufgerufen, Verhaltensweisen anzunehmen, die naturverbundener sind.

Beispiel 3: Aktive Musterauflösung – Birgit Allergie auf sämtliche Blütenpollen

Eine Mutter kam mit ihrer 16jährigen Tochter zu einem unserer Meditationsseminare, um sich einfach aus der Meditation Kraft zu holen. Ich bemerkte, daß die Nase der Tochter lief und ihre Augen gerötet waren.

Während der Meditation stellte die Tochter, nennen wir sie Birgit, fest, daß ihre Nase frei atmen und ihre Augen den Visionen des geistigen Auges folgen konnten, der Juckreiz der Augen war kaum mehr spürbar.

Birgit fragte mich, ob es eine Möglichkeit gäbe, ihren Heuschnupfen zu heilen.

Ich meditierte darüber und teilte ihr mit, sie könne sich *verbessern,* wenn sie an sich arbeite (Musterlösung).

Ich durfte diesmal nicht mit einem Channelgespräch helfen, das sonst zur Klärung führte, sondern mußte ihr im Kanal Hilfestellung bei der Musterlösung geben.

An einem Junitag begann die Sitzung. Birgit stand mit Augentropfen, Nasenspray und Antiallergikum ausgerüstet vor meiner Tür, und wir begaben uns zuerst einmal auf einen Spaziergang.

A. Reaktionen beobachten:

Birgit, ein fröhliches, intelligentes Mädchen plauderte beim Spaziergang über ihre Liebe zur Natur. Sie liebt hohes Gras, Kornfelder, die sich im Wind bewegen, und konnte mir die unterschiedlichsten Pflanzen beim Namen nennen.

Ihr Wunsch: »Ich möchte mich einmal in ein Kornfeld legen, um der Natur ganz nahe zu sein, den Himmel betrachten und glücklich sein.«

Ich erfuhr auch, daß Birgit einen Hund hatte, der sie in einer Situation vor dem Tod bewahrt hatte. Sie liebte ihre Eltern, hätte aber in der Schule besser sein können.

Während des gesamten Spaziergangs wurde unser Gespräch von heftigen Niesanfällen unterbrochen. Birgits Augen schwollen zu, und wir machten uns auf den Heimweg. Ihr Vater, erzählte sie, hatte ebenfalls Heuschnupfen.

Birgits gewohntes Verhalten zeigte sich:
- in der allergenen Reaktion sowie in
- in der dauernden Medikamenteneinnahme (eine zeitweise Linderung war deutlich).

Sie zeigte Traurigkeit über ihre Muß-Lebensweise. Sie liebte die Natur und konnte sie nicht in vollen Zügen genießen, ohne auf Hindernisse zu stoßen.

B. Meditation zum verstandesmäßigen Ordnen des vorgegebenen Musters oder der Schwierigkeit

Birgit bevorzugte die Meditationshaltung im Liegen. Sie meinte, sie könne dadurch ihren Körper besser entspannen und ihre Aufmerksamkeit auf das innere Sehen lenken. Die Einführung zum Meditationsablauf ist im ersten Buch »Meditationen für die Seele« beschrieben.

Ich saß auf einem Stuhl und sprach den Meditationstext, den ich von meiner geistigen Führung erhielt.

Als wir nun im Lichtfeld standen, unsere Chakras mit Ausnahme des Wurzelzentrums geöffnet hatten und im Kontakt zu unserem Schutzengel standen, kam durch meinen Kanal die Instruktion: *»Ihr seid jetzt mit eurem Schutzengel, der geistigen Führung, verbunden. Die geistige Führung übernimmt jetzt eure Meditation, bleibt in ihrer Führung. Sucht euch nun einen Platz aus, wo ihr euch im Moment am liebsten aufhalten wollt. Der Platz kann in der Natur sowie auch in einem spezifischen Raum sein.«* [Pause]

Kanal:

Setzt euch gedanklich dort auf einen Stuhl oder auf ein dazugehöriges Element und schaut euch genau um. Was siehst du, Birgit? Du kannst es jetzt auch laut aussprechen, was du siehst. Spreche jetzt!

Birgit:

Ich sehe unser Haus, unseren Garten und mich mit meiner Familie auf der Terrasse Tee trinken.

Kanal:

Laß dir Zeit und beobachte, was die anderen mit dir tun.

[Pause]

Birgit:

Unser Hund Afra bettelt um Kuchen, es ist lustig, Afras Gesicht zu sehen. Meine Eltern wehren sich und lehnen Afras Gebettle ab.

Kanal:

Kannst du deine Eltern fragen, warum sie Afra nichts geben wollen?

Birgit:

(ohne Reaktion)

Kanal:

Birgit, wo bist du jetzt?

Birgit:
Ich sehe, wie wir alle nur einfach abwartend dasitzen und keiner spricht etwas. Ich sehe jetzt, wie mein Vater vom Stuhl aufsteht, nach einem Taschentuch sucht, keines findet und jetzt niest. [Pause]
Kanal:
Was machst du?
Birgit:
Ich hole Vater ein Taschentuch.
(Plötzlich beginnt Birgit in der Meditation zu niesen, beruhigt sich schnell wieder und lacht).
Kanal:
Was fühlst du jetzt und was siehst du?
Birgit:
Ich fühle einen Juckreiz in meiner Nase, und sehen tu' ich nichts mehr, außer dunkler Farbe, die ab und zu helle Felder in sich zeigt. Ich kann mich jetzt auch nicht mehr konzentrieren!
Kanal:
Wir atmen jetzt gezielt in den Körper ein, stellen uns vor, wie das Wort ›Ruhe‹ durch das Sonnengeflecht in den Bauch fließt. Ruhe verteilt sich im ganzen Körper. Wir hüllen jetzt die gesamte Familie in goldfarbenes Licht, mit der Aufschrift ›Ruhe und Harmonie‹ und kehren über unsere Energiezentren wieder in den physischen Körper zurück.

Laßt euch Zeit!

Wir schließen gedanklich die Energiezentren und kehren in das Tagesbewußtsein zurück. [Pause]

Langsam kehren wir in den Körper zurück, die Energiezentren passen sich der Schwingung des Tagesbewußtseins an. Wir öffnen die Augen und sind im Hier und Jetzt.

Als Hausaufgabe für Birgit übermittelte mein Kanal, daß sie zu Hause die gleiche Meditation mit dem Thema »Terrasse, Eltern und Teetrinken« eine Woche lang durchführen und sich beobachten sollte. Ihr wurde noch eine Affirmation mitgegeben, die sie nach ihrer Meditation sprechen sollte und die wie folgt lautete:

»Ich bin getragen in Liebe. Mein Körper ist gesund!«

Eine Woche später:
Birgit berichtete mir, daß sie heftige, ja noch schlimmere Heuschnupfenanfälle hinter sich gebracht hatte und nun mit der Meditation aufhören wolle.

Ich wurde sehr nachdenklich. Konnte es sein, daß durch unbewußte Strukturen, die während der Meditation gereizt worden waren, Birgit verstärkt in ihr Muster verfallen war?

Was dann, wenn ja?

Konnte es zu gefährlich werden und konnten so Schocks ausgelöst werden?

Ich meditierte darüber und kam zu folgendem Ergebnis wortwörtlich:

Du hast richtig gehandelt und den Text von uns, der geistigen Welt, richtig durch dich sprechen lassen.

Um Birgit aus dem Schockerlebnis zu führen, muß ihr der Zusammenhang ›Vater – Allergie‹ bewußt gemacht werden. Macht weiter. Sie wird es selbst erkennen.

Als ich wieder im Tagesbewußtsein war, überlegte ich, ob ich über meine Meditation sprechen und einen Arzt einschalten sollte. Ich machte Birgit darauf aufmerksam, daß sie zu jeder Zeit die Meditation unter meiner Anleitung beenden konnte. Sie sollte aber auch sofort einen Arzt aufsuchen, falls eine Verschlechterung eintreten würde.

C. Meditation zum Erkennen des Problems:

Wie in jeder Meditation begannen wir den Lichtkreis um uns zu ziehen, die Chakras in eine höhere Frequenz zu bringen und uns mit der persönlich, geistigen Führung in Verbindung zu setzen.

Ich war tief genug im Trancezustand, um die geistige Welt durch mich sprechen lassen zu können.

Kanal:
Ihr seid jetzt mit eurer persönlich, geistigen Führung verbunden und tretet in das Erlebnis ein, welches für euch wichtig ist. Dabei atmet ihr disharmonische Empfindungen aus, um den körperlichen Zustand weiter in Harmonie zu halten. Diese disharmonischen Empfindungen werden von der geistigen Welt sofort in eine für euch positive Schwingung transformiert. Bleibt jetzt bitte in der Führung eures Schutzengels und seht, was geschieht! Die Atmung fließt harmonisch, und der Körper arbeitet nach seinen eigenen Gesetzen.
[Pause]

Wir registrieren jedes einzelne Detail und nehmen alle Erfahrungen mit in unser Tagesbewußtsein.
[Pause]

Jetzt kehrt langsam in das Tagesbewußtsein zurück und gleitet langsam durch die Energie in den physischen Körper. Dabei bitte Zeit lassen.

Die Energiezentren schließen sich und passen sich der Frequenz an, die unserer Entwicklungsstufe im Tagesbewußtsein entspricht.

Birgit faßte ihr Meditationserlebnis wie folgt zusammen:

Sie sah die Familie auf der Terrasse Tee trinken und erkannte, daß alle Personen während dieses Zeitablaufes in sich gekehrt waren. Der einzige Kommunikationspunkt war Afra, die Anlaß dazu gab, negative Äußerungen verlauten zu lassen.

Birgit wünschte sich, sich über ihre Probleme austauschen zu können. Sie spürte in diesem Moment, wie ihr Hals eng wurde, war tief traurig und erfaßte folgenden Gedanken. »Die Familie müßte mehr Gemeinsames erleben und im Alltäglichen mehr Freude leben.«

Als Birgit ihren Vater in der Meditation niesen sah, erreichte sie das Gefühl und der Eindruck, daß sich die Stille und das introvertierte Verhalten aller Beteiligten durch sein Niesen in Lustigkeit und Fröhlichkeit verwandelte. Sie zog daraus die Erkenntnis, daß sie nur zu niesen brauchte, um die Stimmung der Lustigkeit und Fürsorglichkeit in der Familie erhalten zu können.

Alles auf einen Nenner gebracht

Birgit zeigte ihre allergene Reaktion in dem Moment, in dem ihr Vater durch sein Niesen Anstoß dazu gab.

Ihre nächste Hausaufgabe war es, diese Verhaltensweise, die sie in der Meditation beobachtete, auch in der Realität zu überprüfen.

Es dauerte nicht lange, bis Birgit diese Beobachtungen in der Tat vornehmen konnte. Ihre allergene Bereitschaft blieb in dieser Phase konstant. Sie mußte ihre Medikamente noch einnehmen, fand aber den Mut, weiter an sich zu arbeiten. Sie beschrieb es mir auch so: »Es ist, als würde ich eine weite Reise in mich selbst antreten.«

Ich meditierte über diese Situation und bekam folgende Information:

Birgit muß jetzt positive Umwandlungsmeditationen beginnen, um dieses psychische Muster umzuprogrammieren, also eine Umprogrammierung in den Gehirnbahnen stattfinden zu lassen. Wir geben euch in der nächsten Sitzung Meditationen spezifischer Art sowie auch positive Affirmationen und schließen diesen umgewandelten Mechanismus ab.

D. Meditation zur Programmerstellung

Wieder meditierten Birgit und ich zusammen und erhielten vom Kanal folgende Information:

Wandle nun das Ergebnis in Verbindung mit deinem Schutzengel in das Positive um. Stelle dir dabei die Terrasse mit deiner Familie vor, die vor ihrem Tee sitzt. Jeder spricht von seinen Erlebnissen, und du verspürst zu jedem deiner Familienmitglieder eine sehr große Liebe. Erlebe dich jetzt in dieser gemeinsamen, glücklichen Runde, in der jeder jeden so annimmt, wie er ist!«
[Pause]

»Afra liegt neben euch unter dem Tisch und kaut vergnügt an ihrem Knochen. Spreche jetzt folgende Affirmation:

Ich liebe mein Leben, und mein Leben gibt mir Kraft, die Natur zu lieben. Ich strahle Harmonie auf alle Menschen aus und ernte von jedem Menschen Liebe und Harmonie.

Findet nun wieder im gewohnten Ablauf zurück in das Tagesbewußtsein.«

Als Hausaufgabe sollte Birgit dreimal täglich diese Meditation durchführen und jeweils anschließend die Affirmation sprechen.

Ich bekam auch den Hinweis, daß in der ersten Zeit der aktiven Durchführung der Umwandlungsmeditation die allergene Bereitschaft in Birgit anhält. Nach circa 14 Tagen konsequenter Meditation müßte eine Verbesserung des Verhaltens erreicht sein.

Mutig und selbstbewußt begann Birgit mit ihren Trainingseinheiten. Nach 14 Tagen klingelte das Telefon, und Birgit teilte mir fröhlich mit, daß sich die Niesanfälle um die Hälfte reduziert hatten. Im Rundfunk war aber weiterhin starker Pollenflug angesagt gewesen.

Ich meditierte über diese Situation und kam zu folgendem Ergebnis:

Birgits allergene Entgleisung muß noch in der Zellinformation ihres Körpers umgepolt werden. Andere Affirmationen erschließen sich derer. Auch muß noch der Seelenkontakt in die Schwingung der Pollen erfolgen, um die Reaktionssignale im Blut zu neutralisieren. Danach muß das Verhalten im auslösenden Moment des noch vorhandenen Anfalls in der Akutsituation trainiert werden.

Lasset den Wunsch sich erfüllen, in einem Kornfeld zu liegen und den Himmel zu beobachten.

E. Meditation zur Zellumpolung (Seelenkontakt)

Nun, liebe Leser, ist der Seelenkontakt eine sehr präzise Weise, mit allen Schwingungen kommunizieren zu können (kosmische Schwingungen sowie Schwingungen, die aus der Materie entstanden). Dieses erkläre ich noch gesondert im Kapitel »Seelenkontakt«.

Kanal:

Du bist jetzt mit deinem Schutzengel verbunden. Fühle jetzt über deine Chakras in die Energie des Schutzengels hinein. Erhalte das Gefühl, in seinen Schwingungen zu baden.

[Pause]

Atme noch einmal bewußter in deinen Körper und registriere, wie er sich anfühlt. Sind die Hände warm, auch die Füße?

Schlägt dein Herz ruhig? Ist die Atmung frei?

Fühle nochmals in deinen Körper hinein.

Birgit:

Meine Atmung ist so schwer, als würde ein Stein auf meiner Lunge liegen.

Kanal:

Stelle dir vor, dein Herzchakra, vor dem Brustkorb gelegen, öffnet sich wie eine vollständig aufgeblühte Blume. Dadurch gewinnt dein Brustkorb an Raum. Stelle dir vor, den Druck Stück für Stück abzuatmen. Die Frequenz der Atmung bleibt normal.

Birgit:

Ich schaffe es nicht.

Kanal:

Atme das Wort »Freiheit« in das Sonnengeflecht ein, immer wieder die Wortschwingung »Freiheit«.

Birgit:
Das kann ich mir nicht vorstellen!
Kanal:
Sag einfach in Gedanken, Freiheit zieht in meinen Bauch ein.

In der Zwischenzeit wurde mein Mann Freddy Dwořak, der ein Heilchannel ist, vom Kanal aufgefordert, die linke Hand über das Herzchakra zu halten und sich vorzustellen, wie blaue Energie in Birgits Herzchakra fließt. Dabei sollte er folgende Affirmation sprechen:

»Die Macht des Geist-Gottes ist in mir und allmächtig, durch mich ist sie wirksam, so daß negative Strukturen in das allumfassende Göttliche, Positive umgewandelt sind.«

Birgit:
Ich spüre Wärme im ganzen Körper!
Kanal:
Sauge Wärme und blaues Licht mit deiner Vorstellungskraft in den ganzen Körper ein, fülle ihn mit blauer Farbe.
Birgit:
Der Brustkorb wird weit.
(Birgit mußte husten, wir blieben aber in tiefer Meditation)
Kanal:
Alle disharmonischen Empfindungen werden jetzt aufgerufen, an das Licht zu treten und den physischen Körper über die Chakras zu verlassen.

Atme Freiheit ein!
Birgit:
Der Druck nimmt wieder zu!

Kanal:
Wir verbinden uns jetzt mit dem Körperbewußtsein und treten mit ihm in Seelenkontakt. Wir befragen jetzt den Körper, ob er bereit ist, über sein Befinden Auskunft zu geben.

Frage: Körper, bist du da?

Birgit:
Es wird mir wieder warm.

Kanal:
Was sagt dir jetzt dein Körper? Achte in dir auf Gefühle und Gedankengänge.

Birgit:
Traurigkeit in Leben verwandeln, Leben und Lieben!

Kanal:
Gut so! Stelle dir vor, daß die Zellen in deinem Körper die Wortenergie des Lebens aufnehmen. Wir atmen in alle Zellen des Blutes, in alle Zellen der Organe, in alle Zellen der Knochen und nochmals in alle Zellen des Körpers Leben ein. Wir imprägnieren den Körper mit der Wortschwingung Leben. Disharmonische Empfindungen werden freigegeben, durch die geistige Welt neutralisiert und in eine positive Kraft umgewandelt.

Atme nun in deine Zellen Liebe ein. Wir atmen Liebe in alle Zellen des Blutes ein, in alle Zellen der Organe, in alle Zellen der Knochen und nochmals in alle Zellen des gesamten Körpers. [Pause]

Was sagt dir dein Körper jetzt?

Nehme den nächsten Gedankengang auf!

Birgit:
Ich bekomme den Satz:

Gehe hinaus in die Natur und genieße – lebe!

Kanal:
Nehme den Satz, ich genieße die Natur. Ich atme die

Natur in vollen Zügen ein. Meine Körperzellen kräftigen sich in der Natur.

Während dieser Verinnerlichung polen alle Zellen ihre Information zum Leben und zur vollsten Gesundheit in ihrer Tiefe um.

Wir finden nun den Weg, den Weg zurück in unsere Chakras über die Atmung.

Birgit:
Der Druck ist weg, meine Atmung geht leichter!

Kanal:
Wir atmen in den normalen Körperkreislauf hinein. Die Energiezentren passen sich der Frequenz des Tagesbewußtseins an.

Als wir nun alle drei im Tagesbewußtsein waren, tauschten wir unsere Informationen, die wir während der Meditation erhalten hatten, rege aus.

Als Hausaufgabe bekam Birgit die neuen Affirmationen für die Zellumpolung auf. Sie sollte sich in der Meditation vorstellen, daß sie bei vollster Gesundheit die Natur betreten, also sich auch in ihrer Vorstellung auf eine Wiese setzen und in ein Kornfeld legen kann. Dabei sollte sie die Affirmationen sprechen.

Am nächsten Tag meditierte ich über das Thema Zellumprogrammierung.

Frage:
Wie kann es sein, daß sich durch positive Vorstellungskraft und wiederholt gesprochene Affirmationen ein körperliches Leiden auflöst?

Kanal:
Zunächst einmal habt ihr sehr gut gearbeitet. Gedanken erzeugen im Körper, ausgesendet durch Impulse im Ge-

hirn, chemische Reaktionen über den Blutweg. Wir können sagen, daß gedankliche Impulse in Nervenregungen aufgezeichnet, über die Drüsen der inneren Sekretion (Hypophyse, Schilddrüse, Thymus, Bauchspeicheldrüse, Nebennierendrüse, Keimdrüse, Eierstöcke) weitergeleitet, dort zu chemischen Reaktionen umgewandelt werden, die die Organe positiv beeinflussen. Wir sprechen dann von der spezifischen Körpersprache, die der Blutzufuhr inklusive Nährstoffe unterliegt. (Vergleiche Kapitel »Schwingungen« im Buch *Meditationen für die Seele.*)

Durch positives Denken könnt ihr also euren Körper in seiner Funktion steuern, worüber dann das autonome Nervensystem beeinflußt wird. In den einzelnen Körperzellen befindet sich eine Zellinformation, die mit einem größeren Gedächtnis zu vergleichen ist. Durch einen spezifischen Zellcode (Schlüssel) werden Erfahrungen, wie zum Beispiel Körperbeschaffenheit sowie Krankheitsursache, Krankheitsverlauf, Beendigung der Krankheit gespeichert und natürlich noch vieles mehr.

Hier kann der Mensch in Absprache mit seinem Körper und seiner seelisch-geistigen Struktur Veränderungen vornehmen, die zum Beispiel Krankheitsabläufe verhindern. Die Krankheit muß dann nicht mehr durchlebt werden, sondern wird bereits auf geistiger Ebene umgewandelt.

F. Meditation – Seelenkontakt zu Pollen

Birgit kannte den Ablauf der Meditationstechnik »Seelenkontakt«. Sie wußte aber nicht, daß wir durch den Seelenkontakt die Möglichkeit erhalten, in alle Schwingungen einzustrahlen, die durch den atomaren Teilchenaufbau zusammengesetzt sind. Diese feinen Schwingungen, die durch Teilchenbewegung im Element entstehen, nehmen wir mit unserem Unterbewußtsein wahr. Also nehmen wir jetzt den Seelenkontakt zu den Verursachern (Pollen) auf.

Birgit nimmt diesmal die Meditationshaltung im Sitzen ein, sie fühlt sich stabil genug dazu. Um einen Seelenkontakt herzustellen, müssen wir das geistige Gesetz genau befolgen (siehe Kapitel Seelenkontakt).

Weitere Voraussetzungen sind die bereits bekannten Meditationstechniken.

Kanal:
Ihr seid jetzt mit eurer geistigen Führung verbunden und dürft das Pflanzenreich betreten. Die Verbindung in diese Ebene wird durch uns ermöglicht.

Atmet nun Frieden und Freude ein und stellt euch vor, den gesamten Planeten Erde, mit seinen Pflanzen in grünes Licht zu hüllen.

Schritt für Schritt gehen wir nun durch einen Wald, dort versammelt sind Laub-, Nadelbäume und die verschiedensten Büsche, Sträucher und Gräser. Halm um Halm stehen sie als Symbol für die kosmische Vielfalt und Einheit.

Liebe lassen wir allen Pflanzenarten zukommen. Stellt euch nun vor, euer Schutzengel nimmt euch an die Hand und führt euch in das Reich der Pflanzen.

[Pause]

Dort angekommen setzt euch bitte auf einen Stein. Nun schaut euch um! Was siehst du, Birgit?

Birgit:

Eine Landschaft, die ich kenne, aber ich weiß nicht, wo ich sie einordnen soll. Ich weiß, ich war da schon mal.

Kanal:

Sehe dich um, welche Pflanzen erblickst du?

Birgit:

Ich sehe eine Birke!

Kanal:

Wie sieht sie aus?

Birgit:

Sie sieht frisch aus, die Blätter sind zart. Es muß Frühling sein, die Blätter sehen noch so jung aus.

Kanal:

Lege ein Blatt dieses Baumes auf dein Herzzentrum und lasse es durch Seelenkontakt zu dir sprechen.

Birgit:

Das Blatt meint, ich solle seine Liebe in meinen Körper aufnehmen. Ich sehe auch noch solche Staubkörnchen – Blütenstaub! Er hüllt meinen Körper in goldenes Licht ein.

[Pause]

Ich möchte jetzt nicht mehr sprechen.

Kanal:

Nehme alle feinstofflichen Strukturen an, die dir deine positiven Gedanken jetzt sagen.

[Pause – 20 Minuten]

Findet langsam zurück, über den Weg, den ihr gekommen seid. Kommt über die Energiezentren zurück in das Tagesbewußtsein.

Als Birgit wieder im Tagesbewußtsein war, tauschten wir unsere Eindrücke aus. Sie erzählte vom Blütenstaub, der zu ihr sprach, daß sie ihm vertrauen soll, ihn als Liebe Gottes anzusehen. Die verschiedensten Gräserpollen sprachen in den wunderschönsten Farben zu ihr und schlossen Frieden mit ihrem Körper.

Birgit strahlte vor Freude, und sie bekam auch eine eigene Affirmation.

»Alle Blüten-, Gräser- und Baumpollen atme ich mit Liebe ein. Alle Pollen vereinigen sich mit meinem Körper zur vollsten Gesundheit. Ich lebe in Gesundheit. Ich bin Liebe, ich bin Harmonie.«

Diese Affirmation sollte Birgit für eine längere Zeit immer wieder sprechen und sich den praktischen Übungen zuwenden. Es wurde Mitte August, einige Getreidefelder waren bereits abgeerntet, aber Birgit fand dennoch eines.

Sie stellte sich davor, wurde von zwei Niesanfällen überrascht, die sie aber mit Hilfe eines Eukalyptusbonbons stoppen konnte. Sie legte sich in das Kornfeld und sprach ihre Affirmation. So erfuhr sie, daß sie ohne Einnahme von Medikamenten im Feld liegen konnte. Zwar mußte sie noch ab und zu niesen, aber aus den Augen, die noch leicht gerötet waren, konnte sie ungehindert sehen. Birgit übte, sich bewußt jeden Tag an ihre Meditationsvorgaben zu halten, gewann ihre Persönlichkeit zurück und empfand sich rundherum gesund. Die Depressionen waren wie weggeblasen. Für mich war es ebenfalls eine große Freude, Birgit so fröhlich und mutig zu sehen.

Nach einem Jahr teilte sie mir mit, daß sie keine Medikamente mehr einzunehmen brauchte und das Frühjahr sowie den Sommer sehr genossen habe.

Ob nun eine Allergie immer geheilt werden kann, hängt nach meinen Erfahrungen immer von der Person selbst sowie vom kosmischen Gesetz ab, das heißt, ob im kosmischen Plan die Gesundung der Person integriert ist. Dieses Beispiel verdeutlichte den Ablauf der Musterlösung, der in Verbindung mit dem Höheren Selbst vollzogen werden konnte.

Normalerweise hätte ich nie gewagt, auch nur daran zu denken, diese Meditationsführungen verstandesmäßig zu übernehmen, also ohne im Kanal zu sein. In aller Deutlichkeit möchte ich sagen, ob nun ein Muster oder ein Karma aufgelöst werden soll, die Verbindungsperson muß im Kanal sein. Die Lichtwesen, die meinen Kanal aufsuchen und die zusammen mit dem Höheren Selbst des Hilfesuchenden arbeiten, steuern den Meditationsablauf so, daß der Betroffene nie in eine psychische Entgleisung geraten kann.

G. Zusammenfassung, Lösen eines Musters:

1. Das Muster erkennen, was aber voraussetzt, sich zu beobachten und den Wunsch in sich zu tragen, es ablegen zu wollen.
2. Meditation zum Erkennen der Ursache.
3. In der Meditation die Ursache des Musters neutralisieren und eine positive Eigenschaft in Form von Bildern oder Affirmationen hinzufügen.
4. Meditation zur Erstellung des Übungsprogrammes.
5. Situationsübungen

   Hier wird das neue Verhalten, welches in der Meditation neu programmiert wurde, auch im Tagesbewußtsein, also im Alltag, in der spezifischen Situation geübt.

Nun eine Frage an Sie, liebe Leser!

Warum durfte Birgit ihr Wurzelzentrum in der Meditation nicht in höhere Frequenzen versetzen oder, wie ich es auch nenne, selbst öffnen?

In unserem Wurzelzentrum sind geballte Energien gespeichert, welche, wenn sie zu schnell geweckt werden, unkontrolliert in die darüberliegenden Chakras gleiten. Außerdem sind in der Wurzel alte Muster oder Karmas gespeichert. Diese Karmas oder Fehlmuster sind dort energetisch manifestiert und würden bei unfachgerechtem Öffnen des Wurzelchakras durch den feinstofflichen Kreislauf in die höhergelegenen Chakras gleiten. Also würden diese feinstofflichen Fehlimpulse zu weiteren Blockaden in den übergeordnet gelegenen Chakras führen. Dies würde dann den gesamten feinstofflichen Kreislauf durcheinanderbringen, was auf unseren physischen Körper negativen Einfluß ausüben würde. Unser Wurzelzentrum darf dann geöffnet werden, wenn

1. die geistige Führung dies für uns übernimmt;
2. keine Wurzelchakrablockade vorhanden ist; dies setzt aber voraus, daß karmische Strukturen aufgearbeitet wurden;
3. fachgerechte Anleitung, die mit der geistigen Führung einhergeht, gewährleistet ist.

Immer wieder werde ich auf meinen Seminaren gefragt, warum wir in der Meditation die Chakras öffnen sollen.

In der Meditation öffnen wir unsere Energiezentren mit Hilfe unserer Vorstellungskraft. Dadurch werden sie in eine höhere Frequenz gebracht, die notwendig ist, um Kontakt in die geistige Sphäre herzustellen. Damit können wir uns unserer separaten Energie, Dimension oder unserem Schutzengelbereich anschließen. Außerdem erreichen wir durch das bewußte Öffnen eine energetische Reinigung, einen sekundären Reinigungseffekt. Gleichzeitig kräftigen wir unsere Vorstellungskraft und Konzentrationsfähigkeit.

Aber nun werden Sie sagen, daß wir uns mit dem Wurzelzentrum erden müssen.

Das ist richtig, aber wir können es, um Komplikationen zu vermeiden, mit den Fußsohlenchakras tun. Aber bitte erst, wenn Sie Übung und Erfahrung mit dem Meditieren haben.

Liebe Leser, in meiner Laufbahn als Medium hörte ich von Menschen die schauerlichsten Geschichten über die Erfahrung mit dem unsachgemäßen Öffnen des Wurzelzentrums.

Eine Frau erzählte mir:

»Als ich während einer Meditation in den USA das Wurzelzentrum stimuliert bekam, mußte ich vor Schmerzen schreien. Ein Gefühl des Feuers stieg in meiner Wirbelsäule auf, und ich sah erschreckende Bilder. In diesem Zustand konnte ich meinen Körper nicht kontrollieren. Er schlug wie eine sich aufbäumende Schlange am Boden. Vom Therapeuten bekam ich Eispackungen auf den Rücken und das Steißbein gelegt. Der Anfall klang nach einiger Zeit ab, was jedoch zurückblieb, waren Depressionen, die mich für eine sehr lange Zeit täglich überfielen.

Das ist ein Beispiel, was uns vorsichtig machen sollte.

Was sind Chakrablockaden?

Immer wieder finde ich in meinen Übermittlungsgesprächen (Channelings) den Zusammenhang zwischen physischem und feinstofflichem Körper. Ich erkenne in der Tiefenmeditation feinstoffliche Störungen an dem mir gegenübersitzenden Menschen, die sich als Krankheiten im Körper auswirken. Hier taucht auch der Begriff Chakrablockade auf. Also ein nicht harmonisch funktionierendes Energiezentrum oder Energiefeld, welches den Menschen in besonderer Form an bestimmten Körperstellen umgibt.
Daraus ergeben sich die Fragen:

1. Warum erkranken Menschen zu bestimmten Zeiten an bestimmten Krankheiten?
2. Hängt die spezielle Krankheit mit der Steuerung des dazugehörigen Chakras zusammen?
3. Wenn ja, wie löse ich diese Funktionsstörung im Chakra?
4. Was kann ich tun, um meine Energiezentren im Gleichgewicht zu halten?

Mein Mann Freddy Dwořak, der sich als Heilmedium (»Geistheiler«) die Aufgabe gestellt hat, Chakrablockaden zu erkennen und auch zu lösen, beantwortet Ihnen nun obige Fragen.

Zuerst möchte ich Ihnen, liebe Leser, über meinen Werdegang und die jetzige Arbeitsweise berichten, also den Begriff Geistheiler definieren.

Bevor ich diese Berufung auszuüben begann, stellte sich mir die Frage, warum stecke ich in gerade dieser, mich behindernden Situation fest: gerade eine längere Beziehung verloren, Schwierigkeiten mit Kollegen am Arbeitsplatz und so weiter. Bis ich, na, ich möchte sagen in göttlicher Führung, meine jetzige Frau Ute traf. Zusammen änderte sich unser Lebensinhalt vollkommen. Wir begaben uns auf die Suche nach Spiritualität und fanden sie in uns selbst. Wenig später begannen wir mit Hilfe der geistigen Welt ein neues System zu entwickeln und lösten unsere Karmas. Daraus resultierte die Festigung unserer beiden Personen. Ute konnte ihre Tätigkeit als Channel beginnen, ich bei meiner Firma in Frieden kündigen.

Zwischenzeitlich bekam ich die Möglichkeit, meine Fähigkeiten auszuprobieren.

Fall 1:

Unsere Dackelin Funny wurde bereits mit sechs Monaten läufig und es entwickelte sich daraus eine Scheinschwangerschaft. Ihr Gesäuge war aber noch nicht so ausgeprägt, die Milch abfließen zu lassen. Wir begaben uns zuerst zum Tierarzt, der mit Unterstützung der Homöopathie die Milch entweder zum Abfließen oder zum Zurückgehen bewegen wollte. Sowohl diese Therapie als auch die Umschläge mit Quark brachten keine Besserung, Funny bekam starkes Fieber. Ein weiterer Tierarzt wollte Funny die bereits zu Eitergeschwüren verdickte Milch herausoperieren. Wir begaben uns in Meditation und erhielten die Information, daß es jetzt an der Zeit sei, Freddys Künste auszuprobieren. Zwei Wochen lang sollte ich mit dem Hündchen im Bett meditieren, die Hand auf seinem Bäuchlein. Nach einigen Tagen bereits zeigte sich eine Reduktion der Geschwulst, nach einer Woche war sie bereits fast abgeklungen und nach insgesamt 14 Tagen völlig verschwunden.

Fall 2:

Eine Frau in den besten Jahren klagte über eine Zyste im Unterleib, die von ihrem Frauenarzt diagnostiziert worden war. Sie bat mich, darüber zu meditieren, ob ich ihr behilflich sein dürfe. Ich tat dies und bekam die Information, daß ich an vier verschiedenen Tagen eine Meditation durchführen sollte, die zur Aufgabe hatte, Heilenergien in Verbindung mit meinem Höheren Selbst zu der Frau zu schicken. Nach Beendigung dieser Aufgabe meditierte ich wiederum und bekam die Aufforderung:

»Rufe diese Frau an, sage ihr, die Zyste ist aufgelöst, und schicke sie zum Arzt, der dies bestätigt.«

Mir war ganz flau im Magen. Sollte ich das wirklich sagen? Doch ich konnte mich durchringen und es tun. Nach ein paar Tagen rief mich die Frau freudestrahlend an und verkündete voller Stolz:

»Die Zyste ist wirklich weg!«

Ein wirklich toller Erfolg für mich und die Frau. Das stärkt natürlich das Selbstvertrauen.

Definition Geistheilung:

Geistheilung ist, wie ich es verstehe, eine spezielle Form des Channelings. Hier werden Heilenergien aus dem Kosmos durch das Medium auf den Menschen transformiert. Diese fließen über den feinstofflichen Kreislauf in die Chakras, setzen somit die Selbstheilungskräfte im Körper frei.

Blockaden, die über längere Zeit im feinstofflichen Körper bestanden und sich bereits im physischen Körper durch Schmerzen oder Krankheiten manifestiert haben, werden dadurch aufgelöst.

Warum erkranken Menschen zu bestimmten Zeiten an bestimmten Krankheiten?
Ein Großteil der Menschen, die auf dem Planeten Erde inkarniert sind oder werden, haben den Seelenauftrag, Karma zu lösen. Ein ganz kleiner Prozentsatz begibt sich freiwillig in die Struktur des Karmas, um die Massenkarmaauflösung zu beschleunigen.

Im Höheren Selbst wurde vor dem Beginn der Inkarnation beschlossen, zu einem gewissen Zeitpunkt das Karma zu lösen. Durch die Nahrung der Mutter bei der Entstehung des Embryos im Mutterleib werden spezifische Zellen im Körper aufgenommen, die die Information des Karmas in sich tragen.

Gewisse innerliche und äußerliche Umstände (psychische oder physische Schockerlebnisse) verursachen, daß eine oder mehrere Blockaden aus dem Wurzelzentrum in das oder die höhergelegenen Chakras wandern. Die Karmainformationen in den Zellen werden durch die Blockaden aktiviert. Es entstehen physische oder psychische Erkrankungen, die dann nur durch Chakradeblockierung und Karmaumwandlung aufgelöst werden können.

Hängt die spezielle Krankheit mit der Steuerung des dazugehörigen Chakras zusammen?
Am besten erkläre ich Ihnen diese Frage anhand eines Beispieles.

In einem Vorleben wurde ein Mann als Rebellenführer während einer flammenden Ansprache für Recht und Gerechtigkeit verhaftet und ohne Gerichtsverfahren gehängt. Für diese Inkarnation wählte sich das Höhere Selbst in demokratischer Absprache mit dem Seelenaspekt des Vorlebens und des jetzigen Lebens eine weibliche Struktur aus. Das Mädchen lebte bis zu seinem sechsten Lebensjahr in absoluter Harmonie. Doch eines Tages, als die Eltern kurz außer Haus waren und die Tochter stolz daheim den Telefondienst machte, rief ein erboster Kunde an. Er beschimpfte das Kind wegen dessen Unfähigkeit, den Sachverhalt einer Reklamation richtig aufzunehmen. Die Aggressionen des Mannes waren verstandesmäßig eigentlich gegen die Eltern gerichtet, doch der karmische Hintergrund war gewesen, daß der Mann einer der Verurteiler aus dem Vorleben war. Das Kind bekam den ersten Schock. Der zweite folgte, als die Eltern nach Hause kamen. Als das Kind weinend auf sie zulief und stammelnd versuchte das Geschehene zu erklären, ergriffen die Eltern Partei für den Anrufer. Der Grund hierfür war auch karmischer Ursache. Ein Elternteil war in dem Vorleben ebenfalls ein Verurteiler, der andere ein Verurteilter gewesen, der zu schwach war, das Kind zu schützen.

Der Schock saß tief, die Blockade wurde aus dem Wurzelzentrum in das Sprachzentrum (Hals- und Genickzentrum) geschleudert. Das Kind begann zu stottern, wollte nicht mehr telefonieren, und in der Schule konnte es nicht mehr vor der Klasse sprechen. Mit dem 14. Lebensjahr begann die Zeit der Referate in der Schule. Wiederum versagte das Kind und wurde von der Klasse und dem Lehrer dafür ausgelacht. Die Auswirkungen des Karmas wurden immer mehr gefestigt und die Emotionen zu stark. Die nächste Blockade im Bereich des Sonnengeflechts war gesetzt.

Wie löse ich diese Funktionsstörung im Chakra?
Die Frau kam mit 28 Jahren, total verschüchtert und sprachgestört zu uns, klagte über Halsentzündungen und Magenbeschwerden. Sie besuchte das Einführungsseminar und Seelenkontakt-Karmaauflösungsseminar bei uns. Die Blockaden wurden durch die Heilmeditationen in Verbindung mit der geistigen Führung des Heilkanals und der Klientin entfernt. Sie erhielt homöopathische Mittel oder Blütenessenzen durch den Kanal mit dem Auftrag, sie durch einen Arzt oder Heilpraktiker zu überprüfen. Auch durch speziell für sie übermittelte Affirmationen hielt die Frau ihren stabilen Zustand. Sie erkannte in den Meditationen die Bilder des Karmas selbständig, wandelte sie mit Hilfe des Kanals positiv um. In weiteren Seminaren polte sie ihre erkrankten Körperzellen im Bereich des Halses und des Magens in Gesundheit, Liebe, Leben und Spiritualität um, verarbeitete ihre Kindheitserfahrungen und ist gesund. Sie hat ihr Betätigungsfeld gewechselt und hält Vorträge über Umweltthemen.

Was kann ich tun, um meine Energiezentren im Gleichgewicht zu halten?
Die junge Frau meditierte täglich, reinigte dabei ihre Chakras, wurde Vegetarierin, setzte ihren göttlichen Plan täglich durch, indem sie Vorträge hielt. Doch plötzlich begann wieder ihr Hals zu schmerzen, wenn sie sprechen wollte. Was war geschehen?

Sie ging in Meditation, und ihr wurde das Bild einer Situation gezeigt, über das sie sich in der Woche zuvor maßlos geärgert hatte. Ein Mann beschwerte sich bei ihr vor allen Leuten unbegründet, daß sie nuschele. Sie fühlte sich getroffen. Die Erinnerung in den Körperzellen an das Karma und die Kindheitserfahrung war noch nicht vollständig abgebaut, der Zeitpunkt der Klärung lag noch nicht sehr weit zurück. Sie wandelte das Erlebnis positiv in der Meditation um, klärte in einem Seelenkontakt mit dem Mann die Thematik. Sie traf den Mann eines Tages wieder, und er entschuldigte sich bei ihr, der Arzt hätte bei ihm einen Hörfehler festgestellt.

Wie halten wir nun unsere Chakras in Funktion?

1. Durch häufiges Meditieren mit der geistigen Führung.
2. Durch tägliche Überprüfung der Handlungen in Absprache mit dem geistigen Weg.
3. Durch häufige Meditation und Bewegung in und mit der Natur zum Beispiel:

- am Wasser, ein Plätschern des Baches als beruhigendes und doch vitalisierendes Element einzuatmen;
- das Rauschen eines Waldes wie einen Atemstrom durch den Körper fließen lassen;
- im Himmel mit den Wolken fliegen, als Symbol der Leichtigkeit und Freiheit;

– die Vogelstimmen bewußt mit der Vorstellungskraft in den Chakras schwingen lassen;
– die Erde als beschützendes, mineralspendendes Organ anzusehen, die ja unsere Lebensexistenz bedeutet, von der wir die Klänge des Urtones aufnehmen können.

Kurzum, wir erleben mit den Chakras bewußt den ganzen Kosmos. Dazu später ein Meditationsbeispiel von meiner Frau Ute.

Liebe Leser, meine Erfahrungen als Heilkanal fasse ich noch gesondert in einem Buch zusammen. Hier beschließe ich mein Kapitel zum Thema Chakrablockaden – Geistheilung und gebe nun wieder das Wort an meine Frau.

Bevor wir das Kapitel Chakrablockaden mit einer Meditation abschließen, möchte ich mich bei meinem Mann noch einmal bedanken und noch ein besonderes Beispiel hinzufügen.

Eines Tages rief ein renommierter Zahnarzt bei mir an und bat mich um Unterstützung bei einer Patientin, die nach seinem Testergebnis keine Metallegierung im Mund als Zahnersatz vertrug. Ich sollte also herausfinden, ob eine Metallegierung anderer Wahl möglich sei. Nachdem die Patientin zu mir Kontakt aufgenommen hatte, meditierte ich und erfuhr, daß es um eine sehr sensible Frau ging, die am Ende ihres Lebens steht, wenn sie nicht die Gelegenheit ergreift, ihre Chakras zu öffnen. Außerdem erhielt ich folgende Informationen:

Sie muß aus ihrer Wohnsituation evakuiert werden, da Adern ihre Labilität unterstützen.

Es wäre besser, ihre Zahnbehandlung in drei Wochen zu beginnen, da sie bis dorthin Zeit hätte, Kraft aufzunehmen. Durch eine Chakrameditation beziehungsweise Chakraausgleich bei Freddy Dwořak könnten die Chakraströme wieder in normalen Fluß gebracht werden. Dieser Aussage stand ich sehr skeptisch gegenüber, da es sich um eine noch junge Patientin handelte. Als ich aber die Patientin befragte, wie sie sich in ihren vier Wänden zu Hause fühle, teilte sie mir ihr Unwohlsein, umgeben von Wasseradern zu sein, mit. Außerdem fühlte sie sich sehr schwach und vertrug kaum noch Lebensmittel. Sie mußte künstlich ernährt werden.

Ich rief den Arzt an und sprach mit ihm über meine Meditation. Der Arzt vermutete, daß die Unverträglichkeit des Metalls im Munde der Patientin die Ursache der Lebensmittelallergie sei. Leider hörten wir von dieser Dame nichts mehr.

Was ich nun für mich feststellte, ist, daß Menschen, deren Chakras völlig blockiert, also in ihrer Frequenz absolut gestört sind, kaum noch über Lebensenergie verfügen. Sie sind demotiviert, in irgendeiner Form am Leben teilzunehmen, erleben in sich das Gefühl des Sterbens. Viel Liebe und Disziplin mußte ich aufwenden, um den Versuch zu starten, mit ihnen die Chakras durch Karmaklärung, Meditation und ärztliche Kontrolle wieder in Fluß zu bekommen.

1. Chakrameditation

Diese Übung dient zur Stimulierung und Kräftigung der Chakras. Bitte wählen Sie sich in der freien Natur einen geeigneten Ort aus, an dem Sie sich sehr wohl fühlen. Es kann ein Waldweg, eine Wiese oder auch ein Baum sein.

Auch ein Bächlein, ein See, eine Meeresbrandung laden zu dieser Übung ein.

Und nun geht's los!
Stellen Sie sich aufrecht an ihren Ort, die Beine etwa hüftbreit auseinander, und atmen Sie einige Male tief durch.
Die Augen sind geöffnet, und Sie stellen sich in Gedanken einen Lichtkreis vor, der Ihren Körper umschließt.
Verwenden Sie die Worte: Liebe, Stabilität, Frieden und höchste Intuition schwingen in meinem Lichtkreis.
Wie gewohnt öffnen Sie alle Chakras der Reihe nach.
Das Sonnengeflecht öffnet sich.
Das Milzzentrum öffnet sich.
Das Herzzentrum öffnet sich.
Das Hals- und Genickzentrum öffnet sich.
Das Geistige Auge öffnet sich.
Das Scheitelzentrum öffnet sich.

Die Augen bleiben geöffnet.

Atmen wir nun »die Kraft der Natur in ihrer reinsten Intuition« in das Sonnengeflecht ein. Während Sie einatmen, sagen Sie zu sich: »Ich atme jetzt die Kraft der reinsten Natur in mein Sonnengeflecht ein.«

Während Sie ausatmen: »Intuition der reinsten Natur strömt in mein Milzzentrum ein.«

Warten Sie nun einige Atemzüge ab, die normal fließen, und während Sie erneut wieder einatmen, sprechen Sie: »Ich atme jetzt die Kraft der reinsten Natur in mein Herzzentrum ein.«

Warten Sie wiederum einige Atemzüge ab, die normal fließen, und sagen Sie, während Sie ausatmen, zu sich:

»Intuition der reinsten Natur strömt in mein Hals- und Genickzentrum ein.«

Atmen Sie nun einige Atemzüge normal durch, und während Sie wieder einatmen: »Ich atme jetzt die Kraft der reinsten Natur in mein Geistiges Auge ein.«

Nun noch mal einige Atemzüge normal durchatmen, während Sie ausatmen, sprechen Sie zu sich: »Intuition der reinsten Natur strömt in mein Scheitelzentrum ein.«

Sie schließen die Augen und sagen: »Ich bin mit meinem Höheren Selbst verbunden, und die Intuition der Natur dehnt sich in mir aus, fließt durch mich hindurch und durch die Fußsohlen tief in die Erde. Die Erde gibt mir Kraft, und ich gebe der Erde Intuition.«

Die Übung besteht darin, das Gleichgewicht des Körpers, trotz geschlossener Augen zu schulen und mit der Natur und dem Kosmos eins zu sein.

Gehen Sie dann wieder mit geöffneten Augen Stück für Stück des Weges zurück.

Sie schließen Ihre Energiezentren der Reihe nach: Scheitelzentrum → Geistiges Auge → Hals- und Genickzentrum → Herzzentrum → Milzzentrum → Sonnengeflecht.

Sie atmen noch einmal verstärkt in den Körper ein und wissen, daß sich jetzt Ihre Energiezentren dem Tagesbewußtsein angepaßt haben, aber zu jeder Zeit, zu jeder Sekunde sich dem geänderten Zustand gemäß sofort angleichen.

2. Chakrameditation

Als Anregung im Sitzen gedacht, zum Beispiel für die kleine Zwischenpause im Büro oder auch während der Mittagspause am Arbeitsplatz.

Wir sitzen bequem und dennoch in aufrechter Körperhaltung auf einem Stuhl.

Lassen Sie die Augen geöffnet, und denken Sie sich in den gewohnten Lichtkreis hinein. Öffnen Sie dann wieder der Reihe nach die Energiezentren, gleichzeitig atmen Sie die Wörter Frieden und Harmonie in das jeweilig zu öffnende Chakra ein.

Sie öffnen zum Beispiel gedanklich das Sonnengeflecht und atmen die Wörter Frieden und Harmonie in dieses Chakra ein. Sie atmen die Gedanken Freude und Harmonie für meine Umwelt aus, und in gleicher Weise verfahren Sie jetzt mit den anderen Chakras.

Sie senden dann den Gedanken aus: »Nun verbinde ich mich mit meinem persönlich, göttlichen Aspekt.

Seine Energien strahlen jetzt in alle meine Chakras ein und gleichen sie aus.«

[Pause]

Langsam kehren wir zurück und schließen die Chakras und sind im Tagesbewußtsein.

Was sind Affirmationen?

Chakrablockaden lassen sich auch mit Affirmationen lockern und mit Hilfe von gezielten Meditationen lösen, wie wir im Kapitel Chakrameditationen von Freddy Dwořak erfahren haben. Betrachten wir eine Affirmation. Es sind Wörter oder Sätze, die immer und immer wieder im Geiste wiederholt werden. Je öfter man sie spricht, desto tiefer gelangt der Sinn des Wortes in das Unterbewußtsein und setzt dort Heilkräfte frei. In meinem ersten Buch »Meditationen für die Seele« finden wir das Kapitel »Schwingungen«.

Jedes Wort führt eine spezifische Schwingung mit sich und reizt das Unterbewußtsein des einen mehr oder weniger. Oft berichten mir Menschen, daß sie eine absolute Abneigung gegen bestimmte Wörter der Affirmation verspüren. Die Ursache hierfür ist, daß diese Affirmationen an die seelische Struktur des Karmas klopfen und zur Lösung vorbereiten. Gezielt meditierte Affirmationen können den Menschen stimulieren, motivieren, aber auch sofort beruhigen. Ich erfahre ganz individuelle Affirmationen für die einzelnen Menschen, die einzigartig in ihrer Zusammensetzung sind. Auch ihre Wirkung, wie die Praxis bestätigte, funktioniert bei konsequenter Anwendung. Also oft, sehr oft wiederholen!

Affirmationen festigen den Menschen im Erreichen seines Zieles, ob im beruflichen oder privaten Bereich. Jeder Mensch, sofern er meditiert und der Kanal funktioniert, kann seine Affirmationen über seine eigene Intuition erfahren.

Die sich immer wiederholenden Sätze können in Meditation gedacht und auch leise vor sich hingesprochen oder sogar gesungen werden. Während eines Spaziergangs eignet sich ihre Wiederholung im Gehrhythmus. Der Rhythmus vertieft die Wirkung der Affirmation.

Affirmationen erleichtern die Karmalösung, wie wir später noch erfahren werden.

Oftmals erlebe ich, wie eine Affirmation die Wirkung einer Pflanzenessenz verstärkt, wenn sie bei der Herstellung direkt in das Gefäß gesprochen wird.

Beispiele von Affirmationen

- »Frieden ist in mir«
- »Die Liebe bewegt mein Leben«
- »Alles Positive ziehe ich wie ein Magnet an«
- »Ich fülle mich nur mit schönen und wunderbaren Empfindungen«
- »Meine Aura und mein inneres Wesen füllen sich mit Erfolg«
- »Ruhe und Geduld bewahre ich in mir, sie sind in meinen Körperzellen gespeichert«
- »Die Spiritualität wirkt in mir«

Was ist ein Karma?

Eine Seminarteilnehmerin sah während einer Sonnengeflechtsmeditation den Zusammenhang zwischen ihrem Karma und den unkontrollierbaren Emotionsausbrüchen gegenüber einem ihrer Familienangehörigen.

Oftmals, liebe Leser, hängen Chakrablockaden mit offenen Karmastrukturen zusammen. Die tief verwurzelten Seelenbilder, die ein Karma beschreiben, treten häufig in Verbindung mit einer Chakrablockade auf.

Und nun, liebe Leser, begebe ich mich wieder in medialen Zustand, um das Kapitel Karma in seiner Definition zu channeln.

Definition des Karmas:

Karma ist eine noch ungelebte, also unvollständige Struktur aus einem Vorleben. Diese unvollständig gelebte Struktur kann positiver oder negativer Form sein, somit für die Menschen in Bezug auf ihr Lebensziel auch förderlich oder hinderlich sein. Die Struktur des Karmas ist aus der täglichen Handlung heraus zu betrachten.

Karma ist ein Musterablauf nach der Struktur eines Vorlebens, welche in der Aura des Menschen manifestiert ist. Das bedeutet, daß magnetische, elementare Strukturen aus der Vorzeit (des spezifischen Karmas – Vorleben) in den Energiezentren, im Aurenkörper und auch der körperlichen Zelle als energetische Information im tiefen Unterbewußtsein des Erinnerungsbewußtseins gespeichert sind.

Wir wollen zum Ausdruck bringen, daß ein hinderliches Karma aus geistiger Sicht nur dann beim Menschen gelöst werden darf, wenn er oder sie:

1. *mit seinem Höheren Selbst vor dieser Inkarnation beschlossen hat, den Weg der Klärung des Vorlebens zu gehen*
2. *sowie der persönliche Wille in die Klärung dieser Inkarnation einwilligt, also diese Struktur aufheben zu wollen.*

Wir müssen hier mehrere Dinge unterscheiden. Es handelt sich hierbei nicht um oberflächlich gelegene Karmas, sondern um die Vorleben, die in einer sehr provozierenden Weise den Menschen außer Kraft setzen.

Wir teilen hier in
Massenkarma
Völkerkarma
Städtekarma
persönliches Karma ein.

Die Erde, Pflanzen und Tiere sind mit den Karmas der Menschen dieser Erde sowie eigenen Karmas verbunden.

Karma ist immer eine vorausgegangene Geschichte ohne Ende oder mit einem Ende, das in jenem Vorleben nicht vorgesehen war.

Dazu schildere ich jetzt aus meiner praktischen Erfahrung Karmaerlebnisse.

Karmabeispiel Bernd

Als ich begonnen hatte, mit meinem Channeling der Öffentlichkeit behilflich zu sein, mußte ich lernen, nicht jedem helfen zu dürfen. Das klang für mich zu Anfang sehr hart, auch herzlos. Da ich einen medizinischen Beruf erlernt hatte, war mein Denken darauf ausgerichtet, jedem Menschen sofort Hilfe zu leisten, ohne lange zu fragen.

Nun gut, ein junger Mann von 21 Jahren, nennen wir ihn Bernd, bat mich um Hilfe. Er eröffnete meinem Kanal die Fragen, die er aus seinem Wunsch heraus stellte. Die Antworten des Kanals gingen zwar in die Details, nur diese, welche das Karma und dessen Lösung beschreiben sollten, blieben aus. Er fragte erneut.

Er stellte nun erneut die Frage:

»In welchem Jahrhundert und als was habe ich dort gelebt, ich möchte es so gerne wissen.«

Der Kanal blieb stumm. Ich fühlte in mir das Helfersyndrom aufsteigen und bat die geistige Welt in Gedanken:

»Bitte gebt ihm doch die Antwort!«

Trotz meiner Hartnäckigkeit im wiederholten Fragen um Antwort blieb der Kanal still. Ich öffnete die Augen und sah in das junge, zweifelnde Gesicht. Ich spürte eine abwehrende Haltung in dem Mann jeglichem esoterischen Wissen gegenüber. Ich merkte, wie seine Gedanken zu ihm sprachen: Was er denn noch hier wolle, und im übrigen gebe es doch gar keine geistige Welt, denn sonst hätte sie schon längst geantwortet.

Enttäuscht kam ich aus der Trance zurück und äußerte ihm ganz offen meine Eindrücke über ihn.

Bernd lächelte und meinte: »Vielleicht können wir noch mal fragen?«

Auf ein neues, dachte ich mir, ging mit Bernd erneut in Meditation und stellte mit viel Bitten seine Frage.

Plötzlich spürte ich die mir vertraute Energie, die durch meinen Körper floß und folgende Worte bildete:

Kanal:

Ihr wollt das Erlebnis wissen, meint ihr auch, daß der Zeitpunkt dafür reif ist?

Wir:

Ja!

Kanal:

Bernd lebte im 17. Jahrhundert als Frau auf einem Bauernhof in einer schönen Idylle. Die Frau war umgeben von vielen Katzen, die sie ...

Plötzlich wurden mir die Augen geöffnet. Ich konnte das letzte Wort nicht mehr aussprechen und bekam in Gedanken ... *»liebte«*.

Im gleichen Moment fiel der junge Mann in sich zusammen, weinte und schrie vor Schmerzen. Mich durchfuhr diese Situation wie ein Schock.

Ich fragte: Mein Gott, was soll ich tun?

Kanal:

Steh auf und hole dem jungen Mann ein Glas Wasser und umarme ihn!

Ich folgte dem Rat. Der Mann, kreidebleich und weinend, wußte auch nicht, wie ihm geschah.

Offensichtlich gab es keinen Grund, der diese Szene berechtigt hätte.

Nachdem Bernd sich erholt hatte, fragte ich ihn, was an diesem Text so außergewöhnlich gewesen wäre.

Er konnte mir keine Erklärung geben.

Ich fragte ihn, welche Beziehung er zu Katzen hätte.

Er antwortete, daß er keine Beziehung hätte, nur eine Allergie auf Katzenhaare.

Und eine Beziehung zum Bauernhof?

Auch hier fand er keinen Zusammenhang.

Der junge Mann ging, und ich meditierte noch einmal über dieses Erlebnis und erfuhr von der geistigen Welt folgendes.

Kanal:

Dieses Erlebnis war für euch ein Lehrbeispiel.

Es gibt Menschen, die aus persönlichem Willen viele Informationen über ihre Vergangenheit erfahren möchten. Dieses ist aber vom geistigen Willen nicht zugelassen, da in ihrer Seele der Zeitpunkt noch nicht gereift ist, es auch entgegennehmen zu können.

Dieser Mann wurde durch die wenigen Worte tief, aber zu früh in dem Erinnerungsbewußtsein berührt, in welchem das Vorleben gespeichert liegt.

Das führte zu dieser persönlichen Schockreaktion. Solche Reaktionen können tiefe Schäden hinterlassen, wenn der Mensch von seiner gesamten Entwicklung, also der geistigen und persönlichen, nicht bereit ist, das Erlebnis zu erfahren.

Durch Manipulation wäre es möglich gewesen, Bilder aus dem Karma auftauchen zu lassen.

Manipulation ist aber nicht der Weg, um eine Klärung des Karmas in Gang zu setzen.

Ich fragte den Kanal, was die Manipulation in bezug auf dieses Erlebnis gewesen sei.

Kanal:

Erstens habt ihr unsere Entscheidung nicht akzeptiert.

Dort wo ihr keine Botschaft erhaltet, ist für euch keine Information zulässig.

So handelt bitte das nächste Mal anders und akzeptiert dies oder fragt nach, warum dies so ist.

Zweitens, wenn wir euch jetzt nicht geantwortet hät-

ten, so wäre diese Person zu jemand anderem gegangen, der durch geschicktes Handauflegen und Chakramobilisation, also sich immer wiederholender Manipulation die Chakras so beeinflußt hätte, daß die Szene aus diesem Leben geweckt worden wäre.

Das Resultat wäre eine psychische Entgleisung gewesen. Behaltet bitte Kontakt zu eurem Höheren Selbst und befragt es immer, ob der richtige Zeitpunkt gekommen ist, solch schwierige Situationen aus dem Vorleben auch zu verkraften.

Hierzu noch ein Beispiel, bei dem ich den Lernprozeß abschließen konnte, das Channeling einfach so zu nehmen, wie es kommt.

Karmabeispiel Claudia

Claudia kam regelmäßig in unsere Meditationsgruppe. Sie entschied sich, das Channelgespräch, das sie von der geistigen Welt bewilligt bekam, anzunehmen.

Ihre Fragen waren sehr ausführlich, und die geistige Welt antwortete ihr ebenfalls sehr präzise.

Als ich dann am Abend über dieses Gespräch nachdachte, fragte ich mich, warum hat sie ihre Hundeangst nicht angesprochen?

Ich erinnerte mich, daß sie vor unserem mittelgroßen Hund sowie auch vor kleineren Hunden, die bellten, schreckliche Angst hatte.

Als ich mich in meinen allabendlichen Lichtkreis begeben hatte, eröffnete sich mir ein Bild, ähnlich einer gestochen scharfen Fotografie.

Ein Mann befand sich in einer tiefen Grube, umgeben

von sieben Löwen. Er war den Löwen zum Fraß vorgeworfen worden.

Eine häßliche Szene, die vor mir stand und auf Lösung wartete.

Kanal:

Du hast gefragt, Deiner Neugier wegen geben wir dir dieses Bild. Arbeite es um und gebe Claudia folgende Meditation ... Schweige aber über das gesehene Bild, sonst fällt sie in einen irreversiblen Schock.

Ich selbst, erstarrt vor Kälte, tat, was verlangt wurde.

Am nächsten Tag traf ich Claudia und erklärte ihr die für sie bestimmte Meditation. In dieser Meditation sollte sie sich aktiv vorstellen, daß sie, nachdem sie den Lichtkreis um sich gezogen und die Schutzengelverbindung hergestellt hatte, alle möglichen Tierarten, die ihr einfielen, in Gedanken zu sich rufen und sich mit ihnen freundlich austauschen sollte.

Ich dachte, welch simple Lösung, doch Claudia erzählte mir, daß diese Konzentrationsübung sehr schwer für sie auszuüben gewesen sei.

Es dauerte 14 Tage, bis sie endlich Tiere um sich sitzen sah. Auffällig war, daß sich nur Vögel, Affen, aber keine vierbeinigen Tiere in ihrem Bild um sie versammelten. Nach einer weiteren Woche erkannte sie in ihrer täglichen Meditation schon Zebras, Rehe, Hirsche, Füchse und Katzen. Auch ihre Vorstellungskraft erschien ihr im Bild klarer zu werden, so daß sie die Tiere in ihrer positiven Ausdrucksgestik erkannte.

Die Tiere im Kreis um Claudia schenkten ihr ein Lächeln – ein frohes Miteinandersein und absolute Harmonie. Als wir wieder in unserer Meditationsrunde beisammen saßen, erzählte Claudia:

»In der Meditation sah ich einen großen Löwen, der

um seinen Hals einen Lichtkreis trug. Ich empfand erst ein schauderliches Gefühl dabei und zum Ende der Meditation ein freudiges Gefühl. Was mag das bedeuten?«

Ich channelte daraufhin folgendes.

Kanal:

Der Löwe steht mit dir in einer karmischen Verbindung, er möchte dir etwas erklären und würde sich freuen, wenn er als karmisches Symbol für mehrere Tiere mit dir im Seelenkontakt sprechen könnte.

Die Teilnehmer der Meditationsrunde nahmen diese Nachricht an und begannen eifrig nachzuforschen.

In meinem Gefühl spürte ich das Wort »Hurra«! Denn ich wußte, Claudia löst nun zusammen mit dem Löwen die Szene, die ich in der Meditation gesehen hatte.

Natürlich schwieg ich über meine Kenntnis, war gespannt, ob sich die Szene, die ich sah, auch bei ihr vorstellte.

Claudia meditierte einen Tag später mit mir zusammen und sah folgendes Bild. Sie erkannte den Löwen, der sie einlud, auf ihm zu reiten. Sie erlebte ein ihr völlig fremdes Land und wurde zu einer Grube getragen. Dort unten sah sie sieben Löwen und bekam den Gedanken, daß hier etwas Schreckliches passiert war. Der Löwe aber forderte sie auf, die sieben Löwen aus der Grube zu befreien, denn sie wurden damals genau so in Gefangenschaft gehalten, wie Claudia in ihrem Vorleben.

Claudia sah, wie sich die Löwen freuten, in ihre Heimat zurückzukehren, um dort in ihrer eigenen Natur und Gesetzmäßigkeit weiter zu leben.

Die Löwen sendeten folgende Gedanken im Seelenkontakt aus, als tägliche Affirmation für Claudia: »Wir, das Tierreich, lieben dich, danken dir und leben mit dir in Frieden. Frieden für alle Tiere und Menschen.«

Ihr Abschlußbild in dieser Meditation war, daß sie verschiedenen Hunden begegnete, die sie liebevoll begrüßten und dabei freudig bellten.

Als Claudia wieder aus ihrer Meditation zurückkam, erkannte sie, was sie die ganzen Wochen vorher erarbeitet hatte.

Sie war glücklich und erzählte mir einige Zeit später, als wir uns wieder trafen, daß sie sich von Hundegebell nicht mehr erschrecken ließ. Sie konnte ruhig an Hunden vorbeigehen.

Hunde, die ihr früher bei Spaziergängen aggressiv erschienen, reagierten jetzt ruhig und gleichmütig.

Außerdem verbesserte sich das Verhalten unseres Labradors. Er ließ sich streicheln und war freundlicher als vorher.

Ich muß allerdings erwähnen, daß unser damaliger Hund aus dem Tierheim kam und starke psychische Schäden in seinem Verhalten aufwies und besonders sensibel auf Menschen reagierte, die den Angstgedanken nur äußerten. Dies erweckte in dem Hund eine Gegenangst, die ihn zu Aggressionen veranlaßte.

Insofern konnten wir testen, inwieweit Claudia ihr Muster der karmischen Verwicklung wirklich aufgelöst hatte.

Beziehung Mensch – Tier

Tiere sind im karmischen Kreislauf der Menschen auf ihre eigene Weise integriert. Auch in ihnen spiegelt sich das Verhalten des Menschen der Natur gegenüber. Immer wieder werden uns Bilder von Ölkatastrophen vor Augen geführt, bei denen sich die hilflosen Tiere selbst überlassen sind. Gequält vom Erdöl im Gefieder und in den Schleimhäuten, bis hin zu vergifteten Nahrungsmitteln.

Wo schließt sich dieser vernichtende Kreislauf, und wo beginnt er?

Wo kann der Mensch ihn aus eigener Kraft durchbrechen?

Er muß eine oder die Antwort darauf geben!

Versuchen Sie es, liebe Leser, und überlegen Sie, ob nicht auch hier karmische Muster, also Vorleben, den Menschen in seiner Reaktion zu verändern, gefangenhalten!

Karmabeispiel Reinhard

Ein 35jähriger Mann berichtete, als er zu mir kam, daß er ein Geschäft führte, das seit der Gründung hervorragend gelaufen war. Seine Geschäftsbilanzen waren ausgezeichnet gewesen – bis zum vorigen Jahr. Auf einmal blieben aus unerfindlichen Gründen die Kassen leer.

Er war verzweifelt, fand den Weg zu uns über einen Vortrag, den ich in einer größeren Stadt hielt. Während eines später stattfindenden Einführungsseminars wurde er vom Kanal auf ein Vorleben aufmerksam gemacht.

Das Vorleben spielte sich im 14. Jahrhundert in der Türkei ab. Unser Geschäftsmann Reinhard lebte dort als Teppichhändler, der in mühevoller Kleinarbeit seine Prachtexemplare webte und an reiche Häuser des Orients verkaufte. Es brach ein Krieg aus, und der Teppichhändler verlor seine Existenz, er starb in Not und Armut.

Dieses Vorleben sollte er durch Meditation positiv

umändern. Die Umwandlungsmeditation, die er mehrmals am Tage wiederholte, lief wie folgt ab.

Er sah sich als erfolgreichen Teppichhändler und konnte in Harmonie sein Leben beenden.

Nach der Meditation sprach er seine Karmaumwandlungsaffirmation, die ihn in das jetzige Leben begleitete:

»Ich bin in meiner Seele sowie in meinem Körper absolut gesund. Ich lebe meine eigene Spiritualität, die mir Kraft gibt, meinen Beruf erfolgreich auszuführen«.

Nach zwei Monaten klingelten seine Kassen wieder, jedoch stellte der Mann auch seinen Betrieb so um, wie er es in einer Meditation für sich gesehen hatte.

Natürlich, liebe Leser, ging die positive Umstellung nicht von heute auf morgen, aber nach etwa einem Jahr intensiver Eigenarbeit war er wieder sehr erfolgreich.

Seine Arbeitsweise veränderte sich so, daß er ein angenehmes Arbeitsklima für alle Mitarbeiter schaffen konnte. Er räumte ihnen mehr Eigenverantwortung und Freiraum während der Arbeitszeit ein. Auch sein Büro veränderte er durch Aufstellen von Zimmerpflanzen, die das Raumklima deutlich verbesserten. Also rundherum eine angenehme Atmosphäre.

Und nun, liebe Leser, begebe ich mich wieder in Meditation, um Ihnen die genaue Karmaauflösungstechnik mitzuteilen.

Karmaauflösungstechnik – Geistige Welt

Grundsätzlich empfindet jeder Mensch anders. Was den einen in seiner Psyche aufregt, beruhigt den anderen.

Das heißt, die Menschen erleben selbst die gleichen

Lebenszenen unterschiedlich. Also muß auch die Karmaauflösungstechnik dem Menschen in seiner eigenen Aufnahmefähigkeit angepaßt sein.

Natürlich gibt es zur Auflösung ein etwaiges Grundschema, welches dann, und das ist die Bedingung, im eigenen Erleben und vom eigenen persönlich göttlichen Aspekt fortgesetzt wird.

Wir verweisen noch einmal darauf, daß der, der Karma löst und somit seine Lebensblockaden gegen Erfolg in seinen Lebenszielen eintauscht, den Zugang zu seinem persönlich göttlichen Aspekt oder Schutzengel haben muß.

Je tiefer diese Korrespondenz im gegenseitigen Austausch besteht, desto erfolgreicher ist die Umpolung des Karmas.

Denn es gibt im Lösungsprozeß Hindernisse, die mit Konsequenz und Disziplin, aber auch der gründlichen Führung des eigenen Schutzengels überwunden werden.

Noch einmal – ein Vorleben darf niemals vor der Zeit, in der es vom kosmischen Plan her aufgelöst werden darf, manipuliert werden. Das habt ihr ja im Karmabeispiel Bernd gesehen, wie Schockerlebnisse im menschlichen Unterbewußtsein wirken können.

Die Technik besteht darin, das Leben zu finden, welches hauptsächlich den Zeitablauf im Kosmischen sowie im Weltlichen stört.

Findet ihr das spezifische Karma heraus, welches sich aber nur sehr schwer zeigt, weil es in der Tiefe verborgen ist, und seid ihr auch sicher, daß es sich hierbei nicht um ein parallel verlaufendes Karma handelt, so muß dieses umgewandelt werden.

Umwandlung eines Karmas

Die in der Meditation erlebte Szene genau nach der Instruktion des Schutzengels umzuwandeln in das absolut positive Erlebnis.

Zum Beispiel lebte ein erfolgloser Maler im 17. Jahrhundert und verhungerte qualvoll.

Diese Szene müßte in der Umwandlung lauten:

Ein erfolgreicher Maler lebt im 17. Jahrhundert in absoluter Liebe und Harmonie.

Die umgewandelte Szene muß in der Gegenwart meditiert werden, auch alle unsere Sinne sollten dazu geöffnet sein, um mit diesen Eindrücken in die Tiefe des Unterbewußtseins vorzudringen. Das negativ programmierte Zellpotential wird auf diese Weise neutralisiert.

Während oder nach der Meditation wird die jeweilige Auflösungsmeditation gesprochen, um das meditierte Erlebnis in der Psyche auch zu verankern.

In unserem Beispiel des Malers müßte die Affirmation lauten:

Ich bin ein erfolgreicher Maler. Die Menschen lieben meine Bilder. Die Spiritualität trägt mich durchs Leben, und ich stütze die Spiritualität. Liebe zieht in mich und in alle Menschen ein.

Mehrmals am Tag müßte dieses Programm meditiert und gesprochen werden – so lange, bis auch hier die geistige Welt die Information gibt, es sei umgewandelt.

Später führen wir gezielte Seelenkontakte in die spezifischen Zelleinheiten des physischen Körpers durch, um dort ebenfalls die positive Lebensform zu verankern. Natürlich sind auch die Handlungen im alltäglichen Leben der Karmaklärung anzupassen.

Komplikationen und Schwächephasen während der Karmaklärung

Im Lauf der Jahre machte ich die Erfahrung, daß die Menschen, die sich über die Hilfe meines Kanals klärten, erst dann Fortschritte erwarten konnten, wenn sie genau ihren Übungsplan eingehalten hatten.

Ich erlebte, wie sich bereits nach einer kurzen Zeitspanne persönliche Angelegenheiten verbesserten.

Aber während der gesamten Karmaauflösung gibt es auch Schwächephasen, die nur durch strenges und diszipliniertes Einhalten des Planes überwunden werden. Es ist ähnlich einer Fastenkur, wo der Abnehmende immer wieder vor die Prüfung gestellt wird, den Kuchen stehen zu lassen oder sich gegen die Diät zu entscheiden und ihn zu essen, aber wenn, dann hoffentlich mit Genuß und ohne Gewissensbisse, die einem ja bekanntlich das Essen schwer im Magen liegen lassen können.

Auch gilt es nach einer Fastenkur das neu erworbene Gewicht zu halten und auf eine neu erworbene Eßgewohnheit umzustellen, die sich allmählich einpendelt, so daß erneute Fastenkuren überflüssig sind.

Nun zurück zur Karmalösung. In den ersten drei Übungswochen wollen sich die Menschen sehr konsequent für die Meditationen Zeit nehmen. Doch während dieses Zeitraums tritt oft das Phänomen auf, daß Anrufe, Freunde und Verabredungen, sogar Überstunden in der Firma, schreiende oder kranke Kinder oder andere Familienmitglieder das Übenwollen verhindern.

Welch ein Vorwand!

Es ist das uns schon bekannte Muster (Karma), das uns als feinstoffliche Struktur in Form von Personen oder Situationen am Üben hindern will.

Hält man dann seinen Übungsplan ein und wehrt sich konsequent gegen die Anfechtungen des Alltags (Muster-Karma), so finden sich bald die ersten Erfolgserlebnisse ein.

Man fühlt sich ruhiger, ausgeglichener, der Streß im alltäglichen Leben baut sich durch konzentrierteres Arbeitenkönnen ab.

Die Menschen schauen einen freundlicher an! (Meint man, obwohl es daran liegt, daß die Ausstrahlung von einem selbst ja positiver geworden ist!)

Der Sich-Klärende erkennt leichter seine Fehler im alltäglichen und beginnt sie zu vermeiden.

Und dann, ein plötzlicher Wandel in der eigentlichen Problematik.

Zum Beispiel wurde ein Arbeitsvertrag, der ursprünglich nicht verlängert werden sollte, nun doch verlängert, zum Wohle des Sich-Klärenden.

Oder Probleme in der Partnerschaft. Der sonst aggressive Partner des Sich-Klärenden ist nun netter geworden.

Der Sich-Klärende meint nun freudestrahlend, endlich sein Karma überwunden zu haben, doch bald darauf tauchen in der Meditation ganz seltsame Bilder auf. Genau das Gegenteil von dem, was er bisher tagtäglich meditiert hatte.

Er meditierte täglich, wie wohl es ihm im 18. Jahrhundert erging, und sprach die dazugehörige spezifische Affirmation.

Und jetzt sieht er anstelle dieser positiven Bilder, negative Hinrichtungsszenen.

Was war geschehen?

Ganz einfach gesprochen findet er durch seine fleißig angewandten Affirmationen und Meditationen den Zugang zu dem wahrhaftigen Karmabild, ohne aber massiv zu erschrecken.

Dieses wahrhaftige Seelenbild zeigt ihm die damalige Verbindung zu seinem heutigen Problem.

Der Sich-Klärende sieht genau die Szene, die ihn im heutigen Leben dazu veranlaßt hat, sein Lebensziel bis jetzt nicht zu erreichen.

Er muß jetzt dieses negative Bild zusammen mit seiner Geistigen Führung so lange ins Positive umwandeln, bis das positive Bild freiwillig in seinem Bewußtsein stehen bleibt.

Das negative Seelenprogramm wird somit neutralisiert und füllt sich mit der positiv gesprochenen Zusatzaffirmation. Diese positive Karmaaffirmation stellt die Verbindung in das Heute her.

Wenn dieser Ablauf ineinandergreift, kann der nun Geklärte schon von Erfolg sprechen und sein Lebensziel in dieser Inkarnation klarer definieren.

Erfolg beginnt sich in der Umwelt sichtbar abzuzeichnen.

Zum Beispiel ziehen sich autoritäre Menschen, die gegenüber dem vorher ungeklärten Menschen Macht ausgeübt hatten, nun im Angriff zurück. Sie verhalten sich ihm gegenüber sozialer, ohne irgendwelches Zutun wie etwa ein vorausgegangenes Gespräch. Ein weiteres klassisches Beispiel dazu ist, daß ein autoritärer, cholerischer Chef nun den erfolgreich Geklärten in seine Überlegungen und Entscheidungen miteinbezieht. Er bietet ihm volles Mitspracherecht an. Der Geklärte kann durch offene Türen gehen, also seine Lebensziele verwirklichen, wenn er täglich seine Handlungen der Meditation anpaßt.

Liebe Leser, auf eine Komplikation möchte ich dennoch deutlich hinweisen. In dem Moment, in dem das negative Karmabild dem Meditierenden erscheint, tritt genau das Problem, das gelöst werden muß, stärker in Erscheinung.

Das negative Bild aus dem Seelenbewußtsein zieht genau das Problem, welches gelöst werden soll, an. Wenn man dieses verstandesmäßig registriert, handelt man überlegter. Die Devise in diesem Zeitabschnitt heißt nun:

- Durchhalten
- Geduld
- Affirmationen sprechen
- Meditieren und beobachten.

Dann schafft man es auch, durchzuhalten. Bricht man aber die Meditation ab, bleibt im Unterbewußtsein die negative Polung stehen, und das Problem, das ja geklärt werden wollte, verstärkt sich.

Ein Beispiel dazu

Ein krebskranker Patient sah im Krankenhaus sein negatives Karmabild. Seine Blutwerte sanken so weit in das Pathologische ab, daß die Ärzte fassungslos danebenstanden und nicht mehr wußten, was zu tun war. Trotz schlechter Verfassung hielt der Patient durch. Er meditierte fleißig das Bild ins Positive um, und nach drei Tagen standen die Blutwerte wieder im gesunden Bereich.

Die Ärzte konnten dieses Phänomen beobachten, und es blieb ihnen nichts anderes übrig, als sich zu wundern.

Bis heute sind die Blutwerte stabil, der Patient lebensfroh und gesund!

Dieser Mensch sagte zu mir:

»Es war für mich eine große Leidenszeit, aber durch die Karmaklärung ist mir in den Meditationen so viel Wissenswertes für mein Leben erklärt worden. Ich bin dankbar, diese Erkenntnis in mir tragen zu dürfen. Ich verstand die Meditation auch in das tägliche Leben zu integrieren. In der Meditation erlebte ich Visionen, Seelengespräche und auch Erklärungen, die ich im realen Leben nachvollziehen konnte.

Die Meditationen mit der Realität im alltäglichen Leben zu vereinen und sie hinterher im Tagesbewußtsein auch bestätigt zu sehen, das gibt noch zusätzliche Kraft!«

Eine Frau erzählte:

»Seit ich meine Chakrablockade gelöst habe, kann ich mir in der Meditation meine Lebensfragen selbst beantworten. Die Meditation zeigt mir den Lebensweg, wie ich ihn am leichtesten gehen kann. Ich sehe in der Meditation, wie ich mich auf einzelne Personen einstellen muß, damit ich Gespräche im beruflichen sowie auch privaten Bereich erfolgreich führe.«

Liebe Leser, ich merke, daß wir gerade ein besonderes Thema ansteuern.

Was ist Seelenkontakt?

Der Seelenkontakt, vorausgesetzt er ist von der Geistigen Welt freigegeben, erleichtert den Umgang mit der Karmalösung. Sind zum Beispiel in einem Karmaauflösungsbild mehrere Personen mit dem spezifischen Problem konfrontiert, so hat der Meditierende die Möglichkeit, zusammen mit seinem Höheren Selbst und nur in dieser Verbindung, die Personen zu befragen.

Der Vorteil liegt darin, herauszufinden, warum die betreffende Gegenperson in unklaren Situationen so handelte, aber nur, wenn der Seelenkontakt erlaubt ist.

Die Meditationstechnik Seelenkontakt, -begegnung oder -gespräch möchte ich Ihnen jetzt als Medium mitteilen.

Seelenkontakt – Jupiterenergie – Was ist Spiritualität?

Setze dich bequem auf einen Stuhl und beginne, uns als Energie durch deinen Körper fließen zu lassen.

Du spürst, wie das Blut in deine Adern und Muskeln strömt und sich im ganzen Körper verteilt. Dadurch breitet sich im Körper Ruhe aus.

Wir wollen uns heute direkt bei euch Menschen melden, um genau jetzt, zu diesem Zeitpunkt (Moment), zu einem Seelengespräch einzuladen, live dabei zu sein, aber natürlich in schriftlicher Form.

Ute sitzt hier als Vermittler und läßt uns als Energie

in ihrem Gehirn Gedanken erzeugen, die sie in absoluter Medialität aufschreibt.

Ute:

Mein Arm ist so schwer, können wir nicht lieber das Aufnahmegerät benützen?

Kanal:

Geduld! Beginne nun mitzuschreiben, wechsle den Stift und notiere folgendes:

Wir sind die Jupiterenergie und haben die Schwingungsdichte, besser für euch ausgedrückt, die Aufgabe, auf der Erde für Entwicklung zu sorgen.

Entwicklung im kosmischen Gefüge ausgedrückt, geistige Entwicklung der Menschen im Fortschritt der Erkenntnis und in der Freude zu fördern.

Die Jupiterenergie ist ein geistiges Potential, sämtliches Wissen über die Erhaltung der Erde steht hier für euch Menschen bereit, um eurer Entwicklung Erkenntnis und Methode zu geben.

Beginnt jetzt darüber nachzudenken, was Entwicklung bedeutet! Entwicklung bedeutet Bewegung, in die Klärung zu gehen, um das Wissen und die Erkenntnis zu erfahren, inwieweit ihr die Zusammenhänge des Lebens im kosmischen Gefüge erkennt.

Dabei spielen geistige Gesetzmäßigkeiten wie zum Beispiel Karma, Karmaentstehung, Karmalösung und deren Techniken – aber bitte immer im Einklang mit der Natur und dem Kosmos – eine große Rolle.

Und wenn ihr Menschen dieses Konzept verstandesmäßig erfaßt habt, dann könnt ihr fröhlicher, aber auch deutlicher mit eurer Lebenssituation umgehen.

Denkt einmal an eure Landwirtschaft. Welche Kraft strahlt ein gesundes Kornfeld aus? Kornblumen in blauen Blüten, roter Mohn und die duftende Kamille.

Alles das wächst in der Kraft, um mit Schönheit und Gesundheit zu beschenken.

Immer mehr Menschen entdecken dieses Kraftpotential und lassen die Erde selbst in ihrem Wachstum entscheiden. Denn im Boden der Natur sind die Schätze als Samen vergraben, die auch gleichzeitig für Heilung von Bodenkrankheiten der Erde gedacht sind, so wie auch deren Heilkraft auf den Menschen übertragbar ist.

Der Mensch, der jetzt die Erde als eigenes Individuum entdeckt und sie spirituell fördert, erfreut sich an jedem »Unkraut«. Alle Kräuter haben eine spezifische Aufgabe im Kreislauf der Natur.

Was heißt, die Erde spirituell fördern?

Denkt bitte einmal selbst darüber nach!

Spiritualität heißt, daß in jeder Pflanze, in jedem Tier und in jedem Menschen ein geistiger Impuls vorhanden ist, geprägt in der eigentlichen Lebensaufgabe.

Spiritualität heißt nicht nur für die Menschen »Esoterik«, wie es neuerdings gepflegt wird, in Worte zu fassen, sondern es ist: den Ursprung der kosmischen Lebensaufgabe leben zu lassen, ohne mit persönlichem Willen dieses zu verhindern.

Beispiel Judith

Judith, ein zehnjähriges Kind, trug den Wunsch in sich, Tierärztin zu werden. Sie wünschte sich schon im Alter von vier Jahren einen Hund, ein Pony und viele andere Tiere. Judith liebte Tiere und sprach mit ihnen in ihren Gedanken sowie Träumen. Ihre Eltern waren aber Tieren gegenüber neutral und lehnten es ab, ein Tier bei sich aufzunehmen, da es Pflege, Arbeit und Einschränkung bedeutete.

Woher hatte Judith die Veranlagung, Tierärztin zu werden, und das, obwohl ihre Eltern im Umgang mit Tieren nicht gerade vorbildlich waren?

Die Eltern erlaubten ihr nicht, ein Tier zu halten. Judith wurde immer trauriger und begann sich immer mehr zu isolieren. In der Schule schrieb sie schlechte Noten und erreichte mit Mühe die Mittlere Reife.

Sie erfüllte ihren Eltern den Wunsch, eine Lehre bei einer Bank zu absolvieren. Schon längst hatte Judith ihren Traum, Tierärztin zu werden, zwangsweise verdrängt.

Depressiver und auch krankheitsanfälliger als früher, lebt sie nun als junge Frau in der Großstadt.

Nun werdet ihr euch fragen, was das mit Spiritualität zu tun hat.

Kinder sind in ihren Gefühlen, Zielen und Wünschen sehr intuitiv. Ihre Handlungen, besonders im Spielverhalten, sind dafür beste Beispiele.

Kinder reden plötzlich mit Personen, die für die Eltern gar nicht sichtbar sind. Das ist gelebte Spiritualität und wieder ein Beispiel für den Seelenkontakt.

Im Alter von vier Jahren sind Kinder in ihrer Intuition noch frei.

Die Intuition, Judiths geistiger Wille, beschloß schon vor Eintritt in diese Inkarnation, Tierärztin zu werden, weil sie damit Karma aus vergangenen Leben auflösen konnte.

Deshalb auch der Wunsch, Tiere um sich zu halten. Geprägt von den Eltern und auch von den Vorstellungen und Ansprüchen der Gesellschaft gegenüber, verlor sich die Intuition.

Die Eltern handelten so, weil sie im Muster standen, was wiederum mit ihren eigenen, ganz persönlichen Karmas zu tun hatte. Sie verhinderten unbewußt Judiths geistigen Willen, also auch die Spiritualität.

Judith hatte die besten Anlagen in sich, vielen Tieren helfen zu können. Da sie aber jetzt eine Banklehre hinter sich gebracht und in Erfüllung des elterlichen Wunsches gehandelt hat, ist ihre Spiritualität im Umgang mit Tieren unbewußt verhindert worden.

Zurück nun zu unserem Satz: »In jeder Pflanze, in jedem Tier, in jedem Menschen und auch in der Erde ist ein spiritueller Impuls, geprägt in der eigentlichen Lebensaufgabe.«

So hat zum Beispiel der Ackerschachtelhalm, die Kornblume und der Mohn den spirituellen Impuls, dem Ackerboden Nährstoffe zu bieten, Stoffwechselprodukte abzugeben, um den Erdboden fruchtbar zu halten.

Auch ziehen sie Insekten an, die wiederum Nährplatz für Nützlinge sind, die, um jetzt wieder in eurem Sprachgebrauch zu sprechen – Feldschädlinge vernichten.

Es geht, wenn ihr die Erde laßt, ohne Pflanzenschutzmittel, die schädlich für euch sind.

Der Mensch, der Pflanzenschutzmittel benützt, schützt nicht die Pflanzen, sondern entzieht ihnen und den Tieren Spiritualität.

Meist sind es die Menschen, die sich aus den Gaben der Natur bereichern müssen, um damit vermeintlich ihre Existenz zu sichern.

Aus der Unkenntnis heraus greifen sie wieder unbewußt, natürlich voll im Karma stehend, zu Pestiziden, um Gewinne zu erzielen.

Mit der Zeit – nach dem Gesetz von Ursache und Wirkung – bringen sie sich damit selbst um.

Wer sich langsam dieser Erkenntnis bewußt wird und auch danach handelt, den schon gestörten biologischen Kreislauf wieder in Fluß zu bringen, durch Schaffen von Biotopen und Wachsenlassen von Kräutern, ist spirituell, ohne meditieren zu müssen.

Vielleicht sind es sogar die Menschen, die in ihrem Leben noch nie mit Esoterik konfrontiert worden sind und nun einfach intuitiv handeln, ohne es zu wissen.

Wo handelt ihr jetzt spirituell?

Schon in der Tatsache, daß ihr dieses Buch lest und möglicherweise euren ganzen Lebensablauf überprüft.

Euch diese Information über dieses Medium zu geben, war uns jetzt nur möglich, da Ute den Seelenkontakt mit uns zugelassen hat.

So kann es kommen, liebe Leser. Eigentlich wollte ich Ihnen doch den Seelenkontakt durch die geistige Welt vorstellen, und nun habe ich Ihnen einen Seelenkontakt mit der Jupiterenergie hergestellt. War doch auch interessant, oder?

Der Mensch denkt, und Gott lenkt! Nun aber zu dem versprochenen Thema Seelenkontakttechnik.

Was ist Seelenkontakt? – Geistige Welt

Kanal:

Eine wunderschöne Kommunikationsform mit allem, was da ist und existiert.

Ein Seelenkontakt, sofern das kosmische Gefüge ihn befürwortet, erlaubt es uns, mit jedem Lebewesen, ob geistig oder materiell, Kontakt herzustellen.

Wenn wir uns nun kurz überlegen, wovon wir umge-

ben sind, so führt uns die Antwort über die Materie in die physikalischen Gesetze der Schwingung.

Und wenn wir noch tiefer Einblick nehmen, dann wissen wir, daß alles, was existiert, aus Schwingungen besteht.

Als Gedächtnisbrücke: Das Atom, umgeben von den negativ-geladenen Elektronen, bietet in seiner elementaren Verbindung der Moleküle eine Teilchenbewegung.

Diese Teilchenbewegung, abhängig von der Anzahl der Moleküle sowie wiederum »Dichte-bemessen«, stellt eine Schwingung her.

Ob nun Mensch, Tier, Pflanze oder sogar Holz und Erde, alles besteht aus Schwingung, und Schwingung ist der Überbringer für Bewußtsein.

Also können wir mit jedem Bewußtsein Kontakt aufnehmen.

Dieses gelingt aber nur dann, wenn:

1. *der Zugang zu unserem persönlichen Höheren Selbst in der Meditation hergestellt ist;*
2. *wir unser Höheres Selbst oder unseren Schutzengel fragen, ob der Seelenkontakt in das Bewußtsein erlaubt oder freigegeben ist;*
   denn der Zeitfaktor und die kosmische Gesetzmäßigkeit müssen dem Seelenkontakt immer zustimmen.

Für die Herstellung des Seelenkontakts brauchen wir also immer die Zustimmung unseres Höheren Selbst (Schutzengel). Um dieses wiederum feststellen zu können, müssen wir sicher in der Meditation Fuß gefaßt haben, ansonsten handeln wir in Manipulation.

Und eine Manipulation fällt nach dem Gesetz von Ursache und Wirkung wieder negativ auf einen selbst zurück.

Es ist erstaunlich und schön zugleich, wenn ein Seelenkontakt, zum Beispiel mit einer Pflanze, gestattet ist.

Eine Blume kann uns mitteilen, wie sie sich fühlt, was sie zum Leben braucht, was ihre Lebensaufgabe ist und welchen Rat sie uns geben kann.

Liebe Leser, stellen Sie sich das mal vor, welche Möglichkeiten wir eigentlich haben.

Wir erhalten eine unerschöpfliche Kraft aus der Natur bis hin zur medizinischen Leistung.

Legen Sie jetzt mal das Buch zur Seite und überlegen Sie selbst, was es bedeuten könnte, mit allem kommunizieren zu können.

Wir können Fragen stellen und bekommen auf jede Frage auch Antwort.

Verstehen wir erst dann zu leben?

Seelenkontaktbeispiel Martina

Martina bat um Rat. Sie litt ab und zu an Unterleibsschmerzen, hatte ihr bäuerliches Karma aufgelöst und arbeitete bisher sehr gewissenhaft. Die geistige Welt riet ihr, sich mit ihrem Vater per Seelenkontakt in Verbindung zu setzen, um ein Erlebnis im vierten Lebensjahr zu klären und umzuwandeln.

Sie besuchte ein Seminar bei uns, in dem die Technik des Seelenkontaktes geübt wurde.

Wie üblich sprach ich den Meditationseinführungstext im Kanal.

Martina berichtete nach der Meditation: Ich habe mich in einem hellblauen Lichtkreis erlebt, meine Energiezentren waren geöffnet, und mein Schutzengel Johannes nahm mich an die Hand, um in Richtung Meer zu gehen. Ich erlebte jeden Schritt sehr bewußt, als würde ich Schritt für Schritt zurück in die Kindheit gehen.

Johannes gab mir den Impuls, stehen zu bleiben und auf das offene Meer hinauszusehen. Wellen, eine ständige Bewegung erinnerte mich an meine Lebensentwicklung.

Ich sah ein Segelschiff auf mich zusteuern, das mich einlud mitzufahren. Ich betrat voller Geborgenheit das Schiff, die Fahrt ging los, und ich fragte mich, wohin.

Außerdem wollte ich doch einen Seelenkontakt mit meinem Vater herstellen, um einiges zu klären.

Durfte ich jetzt einen Seelenkontakt herstellen?

Für einen Augenblick zweifelte ich an meiner Meditation und überlegte, was dies mit einem Seelenkontakt zu tun hatte.

Meine Gedanken wollten abschweifen, als ich Johannes, meinen Schutzengel, plötzlich vor mir sah und er folgende Worte zu mir sprach:

»Laß dir Zeit, dem Seelenkontakt zu deinem Vater ist stattgegeben, ich bringe dich zu ihm.«

Ich war wieder etwas ruhiger und konzentrierter.

Ich sah, daß wir uns einer Insel näherten, konnte aber nicht einordnen, welches Land ich vor mir sah.

Palmen und Sandstrand, die Insel strahlte Ruhe aus.

Nun forderte mich Johannes auf, durch das Wasser zu waten, um auf der Insel Fuß zu fassen.

Nein, das wollte ich nicht, denn es hätten ja Krokodile im Wasser sein können.

Johannes handelte schnell, nahm mich auf seine Schultern und trug mich zur Insel.

Nur was war das? Ich saß als Taube auf seiner Schulter. Ein komisches, lustiges Gefühl. Ich lachte innerlich und fragte Johannes, ob er sich einen Scherz mit mir erlaubt habe. Er antwortete nicht. Aus den Palmen trat mein Vater hervor, sein Gesicht harmonisch, die Augen auf mich gerichtet.

Zweifel stiegen in mir auf, und ich fragte Johannes: »Meinst du, Papa erkennt mich auch als Taube!«

Johannes bemerkte trocken: »Mach es dir doch nicht so schwer, rede mit ihm!«

Ich brachte nur ein gequältes »Hallo, Paps« heraus. »Wie du siehst, komme ich heute als Taube zu dir, ein etwas ungewöhnliches Outfit für einen Menschen. Aber lassen wir das jetzt. Wie geht's dir? Siehst du mich?«

Mein Vater breitete die Arme aus und sagte: »Weißt du mein Kind, sehr lange warte ich auf eine Versöhnung mit dir, deshalb bist du jetzt für mich als Symbol der Friedenstaube erschienen.

Mein Leben war bisher nicht immer leicht gewesen. Als du geboren wurdest, freuten wir uns, doch es war für mich enttäuschend, als ich feststellte, daß du ein Mädchen warst und nicht der Sohn, den ich mir wünschte und der später den Hof übernehmen sollte. Ich überwand meine Scheu vor dir, aber tief im Grunde meines Herzens war ich enttäuscht, und ein Leben mit solch einer Enttäuschung ist schmerzhaft.

Häufige Auseinandersetzungen zwischen deiner Mutter und mir waren die Folge. Wir schimpften und schrien, hatten aber schon längst den Grund hierfür vergessen.

Wir gaben dir weniger körperliche Liebe, konnten aber nicht anders handeln, da wir beide noch in unseren Mustern gefangen waren. Bist du nun sehr traurig, Martina?«

Ich mußte schlucken. »Ich habe immer gefühlt, falsch am Platze gewesen zu sein, dabei habe ich doch vor, den Hof zu führen. Ich möchte Naturkräuter anbauen und eine Naturheilpraxis eröffnen. Wie können wir die geschehene Zeit umwandeln?«

Vater nahm mich als Taube von Johannes' Schulter, strich mir liebevoll über den Kopf und sagte: »Wir ändern die Zeit um! Ich wünsche mir eine lebensfrohe Tochter, die ich liebe und zu der ich aufschauen kann. Und du siehst mich bitte auch mit anderen Augen an. Außerdem mußt du dich als Frau nicht mehr minderwertig fühlen. Deine Unterleibsprobleme stammen aus der Zeit der Geburt. Seither glaubst du, dich nicht wie eine Frau fühlen zu dürfen. Sage zu dir folgende Affirmation: Ich liebe mich als Frau, ich bin selbstbewußt, liebe meine Familie und erreiche meine Ziele.«

Vater strich mir über den Kopf und verabschiedete sich.

Johannes nahm mich wieder mit zurück auf das Segelschiff, und ich fand mich wieder, als Mensch und die hübsche Frau, die ich war.

Tief bewegt kam ich wieder zurück an den Strand, schloß meine Energiezentren und war froh, mich im Hier und Jetzt wieder zu finden.

Über das Erlebnis mit der Taube mußte Martina noch oft lachen, denn so was hatte sie nie erwartet.

Martina rief mich zwei Tage später an und berichtete mir aufgeregt, daß ihr Myom im Unterleib mit Blutungen abgegangen war. Eine ärztliche Kontrolle bestätigte dies. Auch ihr Vater verhielt sich ihr gegenüber verständnisvoller und ging auf ihren Plan ein, Naturkräuter anzubauen.

Ein einziger Seelenkontakt änderte viel in Martinas Leben. Sie sprach sehr oft am Tag ihre Affirmationen, ging auch in den folgenden Wochen zum Friseur, trug häufiger ein Kleid und heimste so manches Kompliment von ihrem Vater ein.

Sie änderte ihr Leben so, wie sie es im Seelenkontakt in ihrer Meditation gesehen hatte.

Martina freute sich an ihrer neuen Lebensform. Sie übernahm die Technik des Seelenkontaktes, um auch im sonstigen zwischenmenschlichen Bereich Klärung zu erfahren.

Sie bestätigte mir, daß sie sich seitdem viel gelassener, aber auch bewußter ihren Mitmenschen mitteilen kann.

Seelenkontakt mit Pflanzen – Blütenessenzen

Wie schon erwähnt, können wir uns durch Seelenkontakt mit allem verbinden, sofern die Erlaubnis vom kosmischen Gefüge erteilt wird.

Seelenkontakte in das Pflanzenreich können Aufschluß über Krankheit, Weg und Klärung hin zur Heilung geben.

Fragen wir doch einmal eine Rose, vielleicht möchte sie uns etwas antworten. Dazu nun eine erlebte Meditation.

Seelenkontaktbeispiel Rose

Ich setzte mich im Garten neben eine Rose und begab mich in Meditation. Dazu hüllte ich mich in ein wunderschönes Licht ein, das aus der zarten Farbe der Rose neben mir bestand.

Ein lauer Duft, geprägt von satten Rosenblüten hüllte mich zusätzlich in dieses Licht ein.

Ich öffnete ganz kurz die Augen, um die Rose mit

meinen Blicken zu streicheln. Ob sie mir wohl antwortete?

Die Augen geschlossen, atmete ich mich wieder in den Lichtkreis ein, öffnete wie gewohnt meine Energiezentren und bat meine geistige Führung, die Meditation mit mir fortzusetzen.

Ich begrüßte das Blumenland und sah meinen Schutzengel vor mir, der mir zulächelte und sagte: *»Das Naturreich wartet auf dich, um dir etwas zu erklären. Der Seelenkontakt zur Rose ist freigegeben.«*

Daraufhin nahm ich den Duft und die Schönheit ihrer Aura wahr. Fast als würde ich in ihren Blüten baden. Herrlich!

Nun sprach sie mich an:

»Ich bin die Rose des Friedens und des Lebens.

Acht Blätter dieser Blüte nehmen Leben und Liebe auf, alle weiteren nehmen die Gaben der Natur auf, wie Wasser, Licht und Freude.

Ich stehe vor eurem Haus auf der Wiese, in der Sicherheit, geliebt zu sein. Ich stehe für Leben und Licht, zur Freude der Herzen. Meine Blütenessenzen berühren Menschen, die Traurigkeit in ihrem Herzen tragen, das Leben nicht mehr spüren.

Aber bitte lasse mich jetzt wieder in Frieden und gehe über die Wiese, der weiße Klee möchte dir etwas erzählen.

Danke im Namen Gottes!«

Ich stand von dem Platz auf und ging zum weißen Klee. Seine kleinen Köpfe wogten im Wind. *»Herzlich willkommen im Reich der Natur und der Lichtwesen. Wir stehen an Orten der Aufmerksamkeit, wir geben den Menschen unsere Botschaft, die sie speichern können. Die Essenz des Klees lautet:*

– *stärkt das Blut und die innere Aufmerksamkeit,*
– *das Leben geschehen lassen,*
– *aber Leben beobachten.*

Wenn du unsere Schwingung in Wasser speicherst, so lasse die Sonne, aber auch die Wolken sich im Wasser spiegeln. Verwende für lebensabwesende Menschen vier Tropfen, die in Alkohol oder Essig gespeichert sind.

Natürlich haben wir bedingt durch unterschiedliches Wachstum an unterschiedlichen Orten weitere Botschaften.

Jeder Mensch kann uns durch Seelenkontakt berühren, und wir antworten ihm mit spezifischen Botschaften.

So gehe jetzt weiter, rechts um das Haus.«

Ich berührte dabei die Clematis, die an der Hausmauer hinauf wuchs.

»*Halt*«, sagt sie zu mir. »*Gegrüßt seist du von uns, ich trage die Essenz in mir:*
– *Schutz der Zellen,*
– *Schutz des nächtlichen Lebenspotentials der Zelle,*
– *Ärger des Menschen entweicht aus seinen Gedanken,*
– *Wunden seelischer Natur schließen sich.*

Gehe nun um das Haus!«

Ein Lichtwesen aus den Blüten des Hahnenfußes berichtete mir: »*Der Hahnenfuß lebt dort, wo Leben mißbraucht worden ist. Ich rufe die Natur neben mir auf, Gott ist in euch, mehret euch, werdet stark und sicher in euch und zeigt den Menschen wachsende Spiritualität. Gebe ich den Menschen meine Essenz, so nehmen sie meine Schwingung gleichzeitig mit dem Bewußtsein auf, Leben existieren zu lassen.*

Sie lernen ein harmonisches, ausgeglichenes Verhältnis zu ihrer Natur zu finden. Speicherst du meine Essenz in

Alkohol, dann nehme vier Tropfen auf einen Eßlöffel Wasser verdünnt ein. Für die Herstellung der Essenz, die Pflanze für fünf Stunden bei Sonnenschein ins Wasser geben.«

»Danke«, sprach ich laut, »mögen die Menschen euch hören!«

Mein Blick fiel auf einen Wiesenchampion.

»Laßt mich stehen, ich wohne hier, entziehe dem Boden Gifte und führe ihm Stoffwechselprodukte zu. Eßbar bin ich, aber meine gesundheitliche Schwingung als Essenz ist:

– Entgiftung des Körpers.

Stelle eine Schüssel Wasser vor mir auf und lasse Sonne, aber auch Regen sich im Wasser spiegeln. Sechs Tropfen gespeicherte Essenz, gedacht als Einreibung für die Haut am Herzchakra oder gut gegen Körperflechten.

Nun gehe wieder zurück! Den Menschen die Gesetze der Natur zu lehren, das ist unser Wunsch.«

Ich ging durch das weiche Gras zurück auf meinen Platz, setzte mich vor die Rose, sammelte alle Botschaften und kam dankend in das Tagesbewußtsein zurück. Die Energiezentren paßten sich der Schwingung des Tagesbewußtseins an.

Ein Dank an alle Naturlichtwesen für diese Botschaft.

Liebe Leser, während verschiedener Channelgespräche erfuhren Menschen, welche Blume bei ihren Krankheiten oder auch Karmas Linderung erzielte. Wir staunten zusammen mit Ärzten, Apothekern und Naturheilpraktikern über die Vielseitigkeit und Dosierungsanweisung der gechannelten Heilpflanzen.

Immer wieder befragen mich die Seminarteilnehmer über die Verfahren zur Herstellung von Blütenessenzen.

Was kann ich da wohl antworten?

Ich muß über jede Art der Herstellung von Rezepturen aus dem Naturreich meditieren, denn nur in der Meditation ist es mir möglich zu erfahren, wogegen diese Pflanze oder dieser Stein und ähnliches einzusetzen ist.

In gewisser Weise erinnert die Art der Herstellung an ein Ihnen vielleicht bekanntes Konzept aus England. Aber jeder Mensch hat die Möglichkeit, Wirkung und Anwendung in der medialen Begabung zu erfahren.
Bitte beachten Sie noch folgendes:
- Prüfen Sie, ob die Pflanze giftig ist!
- Prüfen Sie, ob es sich um eine Heilpflanze handelt!
- Fragen Sie Ihren Arzt, Heilpraktiker oder Apotheker, wenn Sie unsicher sind!
- Pflücken Sie keine geschützten Pflanzen!

Mein Mann und ich vergewissern uns jedesmal bei kompetenten Personen über das uns durchgegebene Medikament oder die Rezeptur.

Wie Sie bereits wissen, verweisen wir auch immer auf die Mitarbeit von Ärzten. Denn auch Ärzte sind Menschen, die gern lernen und etwas Neues mitbeobachten wollen, auch wenn sie noch nie meditiert haben sollten.

Das ist meine Erfahrung, liebe Leser.

Ich mußte einmal über einen sehr aggressiven Hund meditieren, der ausgesetzt wurde. Ich erfuhr dabei, daß er nicht mehr leben wollte und sehr traurig über seinen Werdegang war.

Ich erhielt vom Pflanzenkönig Raschea die Order, an den See zu gehen und dort einen Ehrenpreis, zusammen mit einem zehn Zentimeter entfernt liegenden Stein zu sammeln. Zu Hause sollte ich die Pflanze zusammen mit dem Stein zehn Minuten in Wasser kochen und mit Alkohol konservieren.

Viermal vier Tropfen linderten tatsächlich die Depressionen des Hundes. Er stand zusätzlich unter ärztlicher Kontrolle. Ehrenpreis wirkt in der Regel bei Durchfällen, Husten und Erkältungen. Außerdem wächst er auf trockenem Boden, Wiesen und Wäldern. Ich muß gestehen, ich fand auch nur eine einzige Ehrenpreispflanze dort am See.

Die geistige Welt übermittelte mir, sie öffneten das Herzzentrum des Hundes, so daß er tiefer atmen konnte, auch um ruhiger sein neues Umfeld akzeptieren zu können. Pflanze, Stein und Ort hatten eben diese möglichmachende Schwingung.

Hier wurde mir zum ersten Mal bewußt, daß die gleiche Pflanze, aber woanders stehend, eine ganz andere Wirkung erzeugen konnte, bedingt durch die Schwingung des Ortes.

Ach, fast hätte ich es vergessen Ihnen zu sagen: Hunde – also Tiere können vom Placeboeffekt ausgeschlossen werden, da sie durch ihren Verstand die Heilwirkung der Medikamente nicht blockieren oder unterstützen können.

Es gibt auch hier wieder Ausnahmen (Tierkarma).

Auch ein Tierkarma läßt sich auflösen. Nur muß der Mensch im Seelenkontakt mit dem Tier stehen, somit als Kanal funktionieren, um die Aufgaben und Affirmationen zu erfüllen, die ihm sein Höheres Selbst gibt.

Im Seelenkontakt mit dem Tier kann man feststellen, warum und woran es erkrankt ist und welche Hilfen es möchte. Ich erinnere mich an den Fall eines Hundebabies, welches an der Stuttgarter Hundeseuche erkrankt war. Die Tierärztin ergriff ihre fachlichen Maßnahmen, doch dem kleinen Hündchen ging es immer schlechter.

Ich meditierte über das kleine Golden Retriever-

Mädchen und bekam die Affirmation: *»Wir haben dich alle lieb, bitte lebe, du darfst nach dem kosmischen Gesetz leben!«*

Ebenfalls bekam ich die Order, das Tier sofort in die Tierklinik einzuweisen, denn es mußte künstlich ernährt werden.

Es handelte sich hierbei um ein Tierversuchskarma, welches sich über einen positiven Tierklinikaufenthalt klären konnte, in dem ihm das Leben wieder geschenkt wurde.

Die Kinder, die Mutter und sogar der gesamte Freundeskreis sprachen eine ganze Nacht hindurch die Affirmation.

Der Hund ist gesund geworden, obwohl ihm keine guten Chancen eingeräumt wurden.

Liebe Leser, haben Sie schon einmal erlebt, wie wichtig es für Kinder ist, den Umgang mit einem Tier zu erleben.

Kinder entwickeln sich dadurch viel selbstsicherer und ihre Verbindung zur Natur und zur Erde geht ihnen nicht so leicht verloren.

So und nun zurück zur Seelenkontakttechnik.

Seelenkontakt in die Körperzellen

Tief in unseren Körperzellen steckt eine Zellinformation, in der Zeitpunkt der Krankheit und Gesundung verankert sind.

Durch den Seelenkontakt, sofern er freigegeben ist, können wir in der Zelle oder in den Zellen Ordnung schaffen. Auch hier haben wir wieder die Möglichkeit zu erfahren, warum gerade jetzt ein Kopfschmerz auftaucht und mit welcher Affirmation er zu besänftigen ist oder welches Medikament oder welche Heilpflanze für dieses Leiden gedacht ist.

Nach einer Karmaklärung, empfiehlt der Kanal, sollte Seelenkontakt in die Zellen erfolgen. Denn die Zellen nehmen ständig Informationen auf, und so vervollständigt sich die Karmalösung in ihrer Wirkung. (Siehe auch Kapitel Was ist ein Muster – Beispiel Birgit und Kapitel Chakrablockaden – Freddy Dwořak.)

Was ist Karmaabstrahlung?

In meiner praktischen Erfahrung als Kanal wunderte ich mich immer wieder, daß ein Mensch, der schon längst sein Karma aufgelöst hatte, dennoch Schwierigkeiten aufwies.

Ich führte für mich eine Statistik, wie viele Menschen den Weg über Karmaklärung fanden und wirklich durchhielten. Denn jeder, der Karma klärte, bekam von meinem Kanal ein Übungsprogramm mit ständig zu wiederholenden Meditationen und Affirmationen. Auch das Verhalten des Sich-Klärenden im täglichen Bereich war zu kontrollieren, um Fehler und Muster in der Klärungsphase und auch danach zu vermeiden.

Einige Menschen brachen aus unerfindlichen Gründen die Meditationsumwandlungen einfach ab, und ich mußte leider verfolgen, daß sie tief in ihre Problematik fielen, aus der sie eigentlich herauskommen wollten.

Ich fragte mich, warum?

Denn es war doch so einfach, Affirmationen und spezifische Meditationen durchzuführen.

Das einzige, was gefordert wurde, war ständige Disziplin und am Ball zu bleiben. Plötzlich traten Schwierigkeiten bei Menschen auf, die schon längst ihr Karma fleißig geklärt hatten und kurzfristig wieder in ein Loch fielen. Das Loch, um es zu beschreiben, wies in sehr abgeschwächter Form die Struktur, den Musterablauf des Karmas vor der Klärung auf.

Was war geschehen?

Hierzu ein Beispiel, welches das Thema Abstrahlung verdeutlichen soll.

Karmaabstrahlungsbeispiel Philip

Ein junger Mann namens Philip wies wieder das Verhalten vor seiner Karmaklärung auf, sich in seiner Firma nicht durchsetzen zu können. Seine Verbesserungsvorschläge, die er einreichte, wurden von seinem Chef entschieden zurückgewiesen. Nach der Klärung seines Karmas bekam er den Posten des Abteilungsleiters. Er argumentierte gezielter, seine Verbesserungsvorschläge wurden geachtet.

Auch die Spannungen zwischen seinem Vorgesetzten und ihm lösten sich in Wohlgefallen auf.

Philip bekam ein großes Selbstwertgefühl und stand als guter Berater seinem Chef zur Seite.

Die beiden verstanden sich sogar auf freundschaftlicher Ebene, und Philip wurde zu seinem Stellvertreter befördert.

Er meditierte inzwischen selbständig und hielt sich genau an die ihm in der Meditation gegebenen Verhaltensweisen. Er veränderte seine Ernährungsweise und wurde zum Vegetarier, weil er damit seine allergenen Reaktionen auf ein Mindestmaß reduzieren konnte.

So, liebe Leser, nun kommen wir zum eigentlichen Punkt.

Philip wurde von seinem Chef zum Abendessen eingeladen. Ein angenehmes Restaurant unterstützte die freundliche Stimmung. Philip wählte überbackenen Blumenkohl aus. Sein Chef meinte dazu: »Philip, ich bewundere Sie! Fällt es Ihnen schwer, zum Fleisch nein zu sagen? Ja«, betonte der Chef, ohne Philip zu Wort kommen zu lassen, »meine Frau kocht jetzt nur noch zweimal in der Woche Fleischgerichte. Sie sagt, es sei für uns alle gesünder.«

Philip daraufhin: »Seit ich mich anders ernähre, fühle ich mich ausgeglichener und vitaler. Außerdem unterstütze ich nicht die Massentierzuchthaltung und lebe so mit ruhigerem Gewissen.«

Der Chef, leicht gerötet, erwiderte: »Sehr großzügig von Ihnen, im Prinzip teile ich Ihre Meinung, aber neulich habe ich hier einen Sauerbraten mit Rahmpilzsoße und Knödel gegessen. Es war ein Traum, Philip. Sündigen Sie doch heute ausnahmsweise und probieren Sie den hervorragenden Sauerbraten von unserer Emma. Sie kocht vorzüglich, sogar Brennesselblätter verwendet sie. Also sie achtet auch auf Gesundheit! Tja, die alte Emma kenne ich schon seit meiner Kindheit. Einmal machte sie mir sogar Wadenwickel, als ich als Kind fiebrig war. Eine gute Seele!«

Der Chef schwelgte in seinen Erinnerungen und schlug im nächsten Satz vor, daß Philip ihn während seines Urlaubs vertreten solle. Philip traute seinen Ohren kaum, er hatte sich diesen Posten schon lange gewünscht.

»Also Philip, was ist jetzt mit dem Sauerbraten in Rahm, dazu einen herben Weißwein?«

Philip erkannte sich nicht wieder und willigte ein. Er sagte sich: Was soll's? Das eine Mal. Im übrigen zählte Sauerbraten früher zu meinen Leibgerichten.

Der Abend verlief fröhlich, und jeder erzählte von sich und seinem Leben. Doch Philip fiel auf, daß sein schwer erarbeitetes Selbstwertgefühl nachließ. Er willigte in Vorschläge ein, die er gestern noch abgelehnt hatte.

Am nächsten Morgen sagte sein Chef zu ihm: »Philip, Frau Ilona wird mich während meines Urlaubs vertreten.«

Es schnürte Philip die Kehle zu, und er entgegnete:

»Aber gestern haben Sie mir doch die Vertretung angeboten!«

»Gestern war gestern, Philip, als alter Eso-Mensch müßten Sie das doch wissen. Außerdem brauche ich heute noch die Unterlagen vom letzten Monat.«

Philip verstand überhaupt nichts mehr, denn die Unterlagen vom letzten Monat konnten auf die Schnelle gar nicht beschafft werden. Und jetzt das noch, Philips Hautausschlag überzog seinen ganzen Hals.

Was war geschehen? Wissen Sie es, liebe Leser?

Philip überlegte:

- er war von seinem Chef so angenehm überrascht worden,
- seine privaten Erzählungen,
- seine fröhliche Ausstrahlung,
- sein ausgesprochenes Angebot der Urlaubsvertretung.
- Philip machte ihm dann noch die Freude, den Sauerbraten zu essen.

Und am Tag danach alles widersprüchlich:

- Urlaubsvertretung gestrichen,
- mußte Leistung erbringen, die kein Mensch vollbringen konnte.

Philip merkte, daß er behandelt wurde, wie vor der Karmaklärung. Auch spürte er die neue Unterlegenheit, fast eine Untergebenheit.

Was tun?

Philip meditierte und sprach seine Karmaumwandlungsaffirmationen. Fünf Tage brauchte er, um sich wieder als selbstbewußter Mensch zu fühlen. Seine Ausstrahlung war wieder stark geworden, und die Urlaubsvertretung Ilona wandte sich an die sichere Beratung Philips. Er steuerte letztlich in dieser Zeit den gesamten Konzern.

Philip schaltete gut und entzog sich der Abstrahlung seines Chefs.

Um den Fall aufzuklären:

Philip war in seinem Vorleben ein Opfer gewesen, sein damaliger Chef im Vorleben entzog ihm Autorität und Leben. Der Chef war damals ein Täter.

In seiner Karmalösung söhnte sich Philip mit seinem Chef aus, sprengte die Grenzen von Raum und Zeit und wurde nach seiner Karmalösung auch wieder Autorität.

Der Chef spürte unbewußt Philips Klärung und erkannte in seiner Abstrahlung nicht mehr das Opfer, das den Chef reizen konnte, ihn auch als Opfer zu behandeln.

Eine gleichwertige Beziehung stellte sich ein.

Als Philip sich instabil fühlte, also beim Abendessen gegen seine Meditation und Erkenntnis handelte, registrierte das Unterbewußtsein des Chefs: »Philip ist instabil, er zeigt keine Autorität, also kann ich in meinem Karma stehend, voll wirken.«

Philip fühlte die Karmaabstrahlung seines Chefs und ließ sich durch die emotionale Verbindung zu ihm wieder latent in sein Muster – Karma zurückfallen.

Philip erwiderte nach dem Urlaub des Chefs die Einladung zu einem Abendessen.

Philip zeigte eine autoritäre Liebe. Er war völlig eins mit sich und wies ruhig, aber bestimmt, ohne Diskussion auf seinen Blumenkohl hin. Das Gespräch erwies sich als sehr fruchtbar für Philip. Übrigens sein Chef übte sich diesmal im Verzehr von vegetarischen Gerichten.

Und Sie, liebe Leser?

Wurden Sie auch schon einmal überredet, eine Krawatte oder ein Kleid zu kaufen, die Sie gar nicht kaufen wollten?

Karmische Abstrahlung – gechannelt

Menschen haben ihr Karma meditativ abgetragen, ihre Aura erscheint dadurch klar und der energetische Magnetismus, spezifische Probleme anzuziehen, ist daher aufgelöst, also unterbrochen.

Es gibt aber labile Momente, in denen der Geklärte seinen eigenen Lichtkreis (Aura) durch eigene Verhaltensweisen schwächt und somit empfänglich ist für Karmaabstrahlung anderer Aurenfelder.

Man muß sich das so vorstellen: Jeder Mensch hat um seinen physischen Körper eine Aura, die sich nach allen Seiten hin ausdehnt. Auch sind in dieser Aura Energiefelder eingelagert, die mit karmischen Informationen aufgeladen sind, für das menschliche Auge nicht sichtbar, soweit sich der Mensch nicht im medialen Zustand befindet.

Auch diese karmisch aufgeladenen Felder geben Schwingungen nach außen hin ab. Reagiert nun ein sensitiv gestimmter Mensch auf die Ladung der Aura (Information) des gegenüberstehenden ungeklärten Menschen, so erinnert sich das Verstandeserinnerungsbewußtsein des Sensitiven an das vorher gelebte Muster. Die Aurenschwingungen des nicht geklärten Menschen, die noch die karmischen Schwingungen enthalten, dringen in den feinstofflichen Aurenkreislauf des Geklärten ein, sofern er dies zuläßt, und schwächen sein Gesamtbild. Dies zeigt sich wieder in den Verhaltensweisen, welche an die Zeit vor der Karmaklärung erinnern.

Das Zulassen von Schwingungen hängt von der emotionalen Reaktion eines Menschen ab. Emotionales Verhalten zeigt sich in Trauer, Mitleid, Haß, Aggression, Angst, Freude, Euphorie und in körperlicher Schwäche.

Es erhebt sich daraus die Frage, ob ein Geklärter emotionslos leben muß, um vor solchen Reaktionen, wie im Beispiel Philip ersichtlich, bewahrt zu sein.

Die Antwort ist, emotionales Verhalten in der eigenen Stärke, Ausgeglichenheit und Sicherheit des eigenen Lichtkreises zu zeigen, ist durchaus möglich.

Das Wort Liebe findet hier die exakte Verwendung, jegliche Aurenabstrahlung, die nicht erwünscht ist, fernzuhalten.

Liebe bedeutet die Kraft, alles zu verstehen, alles wachsen oder sogar sterben zu lassen, wenn es im kosmischen Gefüge freigegeben ist.

Fragen, die dem Kanal immer wieder gestellt werden

1. Haben Kinder (Babies) auch schon Karmas?
In jedem Lebensalter ist es möglich, einen karmischen Ausbruch zu erleben. Dieser hängt von der Umgebung und von dem spezifischen kosmischen Plan eines Menschen (Kindes) ab. Eltern können mit ihren Kleinen meditieren, sogar deren karmische Struktur lösen, wenn sie sich genau an die Anweisung ihres Schutzengels halten. (Die kosmische Erlaubnis zum Lösen eines Kinderkarmas muß gegeben sein!)

Das setzt aber voraus, daß die Eltern in Verbindung mit ihrem Höheren Selbst oder Schutzengel in der Meditation in Kommunikation treten können, denn sonst handeln sie manipulativ.

2. Muß jeder Mensch Karma durch Meditation lösen?
Die Menschen haben die Möglichkeit, Karma im körperlichen, materiellen, psychischen sowie im meditativen Bereich zu lösen.

a) *Beispiel körperlicher Bereich:*

War eine Person im Vorleben ein Mensch, der andere zu Unrecht verurteilte, so kann er sein Karma über ein ganzes Leben lösen, indem er einen Beruf des sozialen Bereichs ergreift, zum Beispiel Arzt wird, und vom innersten Gefühl heraus den Menschen hilft, wo er nur kann. Das heißt bitte nicht, daß jeder Arzt in seinem Vorleben ein Täter gewesen sein muß.

b) *Beispiel materieller Bereich:*

Ein sehr egozentrischer und wohlhabender Mensch

stellt plötzlich fest, daß das Leben bisher nicht alles war, und stiftet den Hauptteil seines Vermögens einer sozialen Einrichtung oder für einen anderen guten Zweck.

Ebenfalls beginnt er rücksichtsvoller und liebender zu leben.

c) *Beispiel psychische Karmalösung:*

Durch eine jahrelange anspruchsvolle Psychotherapie, in der Therapeut und Patient eine gegenseitige karmische Rolle kosmisch spielen und somit auflösen.

Auch in der Ehe oder am Arbeitsplatz, eigentlich in allen zwischenmenschlichen Beziehungen, tragen sich karmische Schauspiele über Leben hinweg aus.

d) *Beispiel meditative Karmalösung:*

Durch die tiefe, gezielte und individuelle Auflösungstechnik werden alle drei Bereiche in einem gelöst.

Die nächsten Fragen sind in Kurzform beantwortet, regen somit das Mitdenken an und werden in meinen späteren Aufzeichnungen noch deutlicher erwähnt.

3. Was ist ein Höheres Selbst?

Es ist eine dem Menschen übergeordnete Kraft, die alle Informationen für dieses Erdenleben enthält sowie Informationen, die nach dem Erdenleben wichtig sind.

Nach dem menschlichen Ableben entweicht der Seelenaspekt mit allen Erfahrungsimpulsen, die er hier in dieser Inkarnation vollendet hat, zurück in seine Kraftquelle oder Dimension.

Diese Heimatdimensionen sind Bestandteile verschiedenster Schwingungen, die wiederum gespeist sind mit Bewußtsein. Viele Erfahrungen des Bewußtseins fügen sich in dem Höheren Selbst zusammen und bilden dort eine kosmische Einheit, die wiederum einer übergeordneten Kraft unterliegt.

Ein Teilaspekt aus dem Höheren Selbst läßt sich für uns Menschen als Seelenerfahrung benennen. Der Mensch trägt als Seelenerfahrung den Teilaspekt in sich. In diesem Teilaspekt ist die Information enthalten:
a) *Wann inkarniert der Mensch?*
b) *Welche kosmische Aufgabe hat er?*
c) *Und welche Karmaauflösung hat er wie aufzulösen?*
Nach seinem Erdenleben kehrt der Teilaspekt Seelenerfahrung zurück in das Höhere Selbst und trägt mit seiner vervollständigten Aufgabe bei, in die kosmische Verschmelzung zu gehen. Viele Teilaspekte zusammen bilden ein Höheres Selbst und tragen an der kosmischen Entwicklung bei.

4. Wie oft inkarniert ein Mensch?
Er inkarniert so oft, wie sein Höheres Selbst in demokratischer Weise mit dem Teilaspekt beschließt.

5. Was ist ein Schutzengel?
Ein Schutzengel ist ein Verbindungsglied zwischen Mensch (Teilaspekt) und seiner Herkunftsdimension (Höheres Selbst).

6. Wie lange bleibt ein Schutzengel bei einem Menschen?
Er bleibt so lange, bis seine Aufgabe, einem Menschen bei seiner Aufgabenlösung zu helfen, beendet ist.

Eine Aufgabe kann zum Beispiel eine zu bestehende Prüfung oder auch Karmalösung sein.

Schutzengel können daher mehrmals in einem menschlichen Erdenleben wechseln. Es gibt natürlich auch Fälle, in denen Schutzengel ein ganzes Leben bei einem Menschen bleiben.

7. Hat ein Schutzengel Flügel?
Ein Schutzengel sieht so aus, wie der Mensch ihn in seiner Seele und Vorstellung zuläßt. Ein Schutzengel spricht ihn auch nur so an, wie der Mensch ihn am besten wahrnehmen kann. Zum Beispiel in Symbolen, in Gedanken, in Bildern, sogar in Gerüchen.

8. Haben Tiere auch einen Schutzengel?
Tiere unterliegen ihren eigenen Gesetzmäßigkeiten. Genauso wie beim Menschen sind für die Intuition von Tieren spezifische Dimensionen zuständig, auch Tierreich genannt.

Auch im Tierreich gibt es feinstoffliche Helfer, die für spezifische Aufgaben zur Verfügung stehen.

9. Kann ein Tier später als Mensch inkarnieren?
In diesem Erdenzyklus ist dies nicht die Aufgabe des Tierreiches. Die Aufgabe besteht darin, daß das Tierreich zusammen mit den Menschen karmische Strukturen lösen und in Spiritualität leben soll.

10. Was ist ein Tierkarma?
Es bedeutet, daß Tiere durch eigene oder fremde Verhaltensmuster vom Wege der Spiritualität abgekommen sind.

Es gibt drei Hauptkomponenten des Tierkarmas
a) *Beziehung Tier – Tier*
b) *Beziehung Tier – Pflanze*
c) *Beziehung Tier – Mensch*
Aus der letzten und schwerwiegendsten der drei Komponenten, der Beziehung Tier – Mensch haben wir ein Beispiel ausgewählt.

Wir könnten uns jetzt mit den Themen Tiertranspor-

te, Schlachtereien, Tierquälerei im privaten Sektor beschäftigen, aber wir nehmen das Paradebeispiel Tierversuche.

Die heutige Technologie ist so fortgeschritten, daß Tierversuche längst nicht mehr nötig wären, aber sie werden zur Zeit trotzdem noch betrieben. Die, die weiter für Tierversuche zum Wohle der Menschheit sind, könnten im Vorleben ebenfalls Tiere in anderer Weise gequält haben.

11. Was können wir gegen Tierversuche unternehmen?
Es gibt dafür spezifische Auflösungsmeditationen, die wir zur gegebenen Zeit veröffentlichen. Inzwischen können Sie solche Produkte aus dem kosmetischen Bereich kaufen, die nicht im heutigen Tierversuch hergestellt wurden. Eine Liste der Hersteller gibt es bei den Tierschutzinstitutionen.

12. Wenn es einen Gott gibt, warum läßt er dann Kriege, Hunger und Not zu?

a) *weil es für die persönliche Entwicklung einzelner wichtig ist*

b) *alte Machtstrukturen (Massenkarmas) müssen aufgelöst werden.*

Das heißt, daß Strukturen des Hungers und des Leids in der Gesellschaft sich gegenüber den Strukturen der Unterdrückung auflehnen, sich ihrer eigenen Kultur und Spiritualität bewußt werden und dies später in Frieden umwandeln.

Die Karmalösung durch Meditation ist nun mal die friedlichste Lösung, Probleme in Harmonie zu verändern. Es gibt Völker, Menschen, die diese Erfahrung durch jahrhundertelange Unterdrückung verloren ha-

ben, aber diese später wiederfinden oder neu kennenlernen werden.

13. Was ist Gott?
Gott ist die kosmische Summe aller Erfahrungen, die bisher gemacht worden sind, gerade jetzt gemacht sind und in alle Zukunft gemacht werden.

Gott ist eine hohe kosmische Kraft aller Möglichkeiten, nicht nur auf der Erde.

14. Können Pflanzen sprechen?
Pflanzen drücken sich in ihrer Sprache über die Wahrnehmung aus. Wachstum symbolisiert einen Teil von Kommunikation.

Gegenfrage, habt ihr das Beispiel Seelenkontakt mit Pflanzen in diesem Buch gelesen?

15. Gab es vor den Menschen intelligente Wesen auf der Erde?
Natürlich wurden vor euch Menschen Versuche mit sämtlichen Mischkulturen gestartet.

16. Ist jeder Mensch medial veranlagt?
Jeder Mensch kann seinen Intuitionskanal freilegen, um für seinen privaten Bereich Informationen zu erhalten

*(siehe Buch »Meditationen für die Seele« von Ute Dwo*řak).

17. Warum gibt es gegensätzliche Aussagen?
a) *Zum Beispiel, weil das Medium noch Chakrablockaden aufweist und somit Botschaften, die verschlüsselt sind, anders interpretiert, als es der Ursprung war.*
b) *Weil es auch den persönlichen Eigenwillen gibt, der*

gegen die geistige Übermittlung handeln kann, somit aber auch Glück oder Unglück vermeiden kann.

c) *Weil der Zeitfaktor nicht genau bestimmt werden kann, da der Zeitgeist vom Schöpferkreis, also aller Gedanken der Menschen abhängig ist.*

Gegenfrage, sind Zukunftsaussagen wichtig, zum Beispiel wann es Kriege und Katastrophen geben wird?

Wir meinen Nein! Wichtig ist der eigene Entwicklungsweg, der nach der persönlichen Intuition erfolgt.

18. Was ist wichtig?
Wichtig ist das, was jeder einzelne als wichtig erachtet, seine Entwicklung und was zu seiner Entwicklung beiträgt. Wichtig ist in der heutigen Zeit, Spiritualität zuzulassen.

19. Was ist Spiritualität?
Bitte im Kapitel Seelenkontakt nachzulesen unter:
Was ist Spiritualität? – Jupiterenergie.

20. Wen oder was channeln die Dwořaks?
Alle Lichtsphären, die unseren Kanal in Verbindung mit unserem Höheren Selbst aufsuchen können, um spezifisch Antwort zu geben.

Wichtig ist nur zu wissen, wer oder was und warum mit mir als Kanal kommuniziert;

zum Beispiel:

a) *Seelenbewußtsein Verstorbener*
b) *Pflanzenreich, Tierreich, Mineralreich*
c) *Lichtenergien, Christusenergie, Jupiterenergie, Venusenergie*
d) *verschiedene Lichtenergien verschiedener Planetarien*
e) *Helios und weitere hochfrequentierte Lichtenergien.*

21. Was sind Affirmationen?
Sie führen Menschen an ihre Spiritualität. Siehe auch Kapitel Affirmationen.

22. Probleme und Lösung in der Kindererziehung?
Probleme lassen sich in der Meditation so lösen, daß wir erfahren, welchen Weg wir mit dem Kind zu gehen haben. Seelenkontakte, die zugelassen sind, bewirken Klärung und Verständnis gegenüber dem Kind. Jede Kindererziehung muß individuell abgestimmt sein, denn Kinder sind eigenständige, geistig entwickelte Wesen mit sehr bestimmten Aufgaben. Wenn wir Aufmerksamkeit und Ehrlichkeit den Kindern gegenüber zeigen, erleben die Erwachsenen Freude, Spontanität und kindliche Intuition auf allen Ebenen.

23. Wie sollen wir uns ernähren?
Grundsätzlich hängt die Ernährungsfrage vom jeweiligen Bewußtsein des Menschen ab. Deshalb auch hier wieder die Antwort: Jede Ernährungsform kann in ihrer Zusammenstellung vom geübten Meditierenden selbst bestimmt werden. Natürlich stellt sich auch die Frage, hier wieder die Spiritualität zu unterstützen und Waren aus ungespritztem, biologischem Anbau zu verwenden.

24. Wie sollen wir mit den auftretenden Umwelteinflüssen umgehen?
Wer sich der Panik und der Angst hingibt, schwächt sein Immunsystem, da er sich emotional mit den karmischen Strukturen der Verursacher verbindet (siehe Kapitel Karmaabstrahlung). Meditieren stärkt den Abwehrmechanismus, da hier chemische Prozesse im Körper freigesetzt werden.

Eine ausgewogene, gesunde Ernährung schützt den Körper.
Maßnahmen vor Ort erheben, wie zum Beispiel

a) *in Ruhe miteinander sprechen, inwieweit die Umweltgifte zu reduzieren sind,*
b) *sich eventuell an Behörden und Umweltorganisationen wenden,*
c) *Bürgerinitiativen gründen, um friedlich mit den Verursachern zu verhandeln.*

Der politische Einfluß gezielt auf umweltbezogene Gesetzgebung kann nur dann erfolgen, wenn viele Bürger dies wollen. Denn Politiker sind vom Volk gewählt worden, und jeder einzelne von uns Menschen hat Verantwortung für seine Umwelt zu tragen.

Meditation verändert auch das Bewußtsein eines Menschen. Er übernimmt für sich und seine Umwelt mehr Verantwortung und dies überträgt sich auch auf die Politik, ohne gewisse Parteien herauszuheben.

Er kann besser unterscheiden, welche Produkte er für seine Ernährung verwendet, zum Beispiel Produkte, die natürlich hergestellt und verpackt werden.

25. Haben Edelsteine mehr Kraft oder Heilwirkung als Kieselsteine?

Ja und nein, es kommt auf die Situation an, und darauf, was wir mit den Steinen bewirken wollen. Generell kann man sagen, daß auch hier über jeden Fall speziell meditiert werden muß, wer für was, welchen Stein einsetzt.

Zum Beispiel zeigt ein selbstgefundener Kieselstein, der gereinigt wurde und für eine spezifische Meditation oder Aufgabe genutzt wird, oft mehr Wirkung als ein Edelstein. Auch Edel- und Halbedelsteine vor der Anwendung bitte reinigen.

(Reinigung – siehe Buch »Meditationen für die Seele«, Kapitel »Vorbereitung zur Steinmeditation«.)

26. Darf man um jeden Menschen einen meditativen Lichtkreis ziehen?

Wenn einem in der Meditation vom Höheren Selbst genau der Lichtkreis gegeben wird, dann ja!

In der Meditation können wir fragen:

a) *ob wir helfen dürfen*

b) *wie der Person geholfen werden kann.*

So entstehen in der gut geführten Meditation genaue Anweisungen, eventuell über Farbe des Lichtkreises mit spezifischer Affirmation und Häufigkeit der Durchführung.

Handeln Sie aber nur mal einfach so aus dem Gefühl (Bauch) heraus, so kann es sein, daß Gefühl und tatsächliche Meditation nicht übereinstimmen. Sie würden somit manipulativ handeln, weil Sie das kosmische Gesetz mißachten, daß sich jeder in freier Entscheidung mit seinem Höheren Selbst entwickeln darf. Lichtkreise oder Lichthüllungen aller Art können ohne Absprache mit Ihrem Höheren Selbst oder Schutzengel bei Ihrem Gegenüber mehr Schaden als Gutes anrichten.

Gegenfrage:

Wenn eine Freundin Ihnen rote Socken schenkt, weil sie fühlt oder meint, es sei gut für Ihr Äußeres oder Ihre Psyche, Sie aber Rot absolut nicht ausstehen können, würden Sie dann das Geschenk gerne tragen?

Was der eine als toll und gut empfindet, muß dem anderen noch lange nicht gefallen oder guttun!

27. Wann gilt ein Karma als geklärt?

a) *Wenn die alte Schwierigkeit, der alte Musterablauf (Problem) nicht mehr zu finden ist.*

b) *Wenn sich Menschen Ihnen gegenüber in ihrem Verhalten ohne Vorgespräche verändern.*
c) *Wenn sich Erfolg beim Erreichen Ihrer Ziele einstellt.*
d) *Wenn Sie ohne Emotionen an neue Herausforderungen herantreten können.*

28. Wie merke ich, daß der Seelenkontakt von der Geistigen Welt freigegeben ist?
Bevor Sie Seelenkontakten, muß die Verbindung zum Schutzengel hergestellt sein. Haben Sie sich in der Meditation mit Ihrem Schutzengel verbunden und die Frage gestellt, ob Sie mit Herrn oder Frau X einen Seelenkontakt machen können, so vernehmen Sie:
a) *In Gedanken, »ja es ist freigegeben«*
b) *Fundiertes Gefühl der Bejahung*
c) *In der Vision ein frontales Bild der Person*
d) *Daß die Person Sie gedanklich in Ihrem Dialekt anspricht*
e) *Daß die Person auf Ihre Fragen bereits antwortet.*

29. Was ist zu tun, wenn in der Meditation die gewünschte Person gedanklich mit der Seite oder dem Rücken zu mir steht?
Der Seelenkontakt ist genehmigt, aber die Person will mit Ihnen noch nicht kommunizieren.

Daraus folgt, um eine Manipulation auszuschließen, daß Sie Ihren Schutzengel fragen, was zu tun ist. Oder Sie verabschieden sich bei Ihrem Seelenkontaktpartner.

30. Was ist Manipulation?
a) *Wenn in der Meditation gegen die Entscheidung des Höheren Selbst vorgegangen wird.*
b) *Wenn Sie nach einer abgeschlossenen Meditation, also*

im Tagesbewußtsein, ein spezifisches Meditationsergebnis nicht akzeptieren, also nicht im realen Leben nachvollziehen, so ist das keine Manipulation, sondern eine persönliche Willensentscheidung.

31. Was ist ein kosmisches Gesetz?
Niemanden und nichts an seinem spirituellen Plan, also an seiner Entwicklung zu hindern. Der spirituelle Plan liegt im kosmischen Gefüge und Zusammenspiel verankert

(siehe auch Kapitel Seelenkontakt – Was ist Spiritualität? – Jupiterenergie – Beispiel Judith Tierärztin).

Schlußwort Ute Dwořak

Liebe Leser, nun möchte ich hier, an dieser Stelle, das Buch beenden.

Zusammen mit meinen geistigen Freunden und meinem Mann war es mir möglich, dieses Buch zu schreiben. Mögen Sie viel daraus für sich selbst entnehmen. Vor allem danke ich Ihnen, daß Sie mir bis hierher gedanklich gefolgt sind.

Dem Kalenderblatt zu entnehmen, schreiben wir den 25. Juli 1993. Fast ein Jahr ist seit dem Beginn meines Schreibens vergangen. Der jetzige Sommer hat bisher unsere Breitengrade vor der großen Hitze verschont, gewaltige Regenfälle und Gewitter streiften unser Land.

In Amerika, Bangladesh sowie in Deutschland zum Beispiel bei Passau standen ganze Landstriche unter Wasser. Wieder ein Grund mehr, über Karma- und Musterlösung nachzudenken.

So sage ich Tschüs bis zum nächsten Buch, Ihnen alles Liebe und viele fröhliche Stunden.

Ute Dwořak

Anmerkung des Verlages:
Von der Autorin sind bisher folgende Titel im Verlag Peter Erd, München, erschienen:
Ute Dwořak, **Meditationen für die Seele** (Tb, 3-8138-0244-2), dazu die ergänzende Toncassette **Energien für die Seele** (Tc, 3-8138-0249-3)

Schlußwort – Geistige Welt

Die geistige Welt möchte abschließend noch zu Wort kommen.

Kanal:

Wenn ihr ab und zu im Wald oder in der Natur spazierengeht, so denkt daran:

Jeder Baum, jeder Halm beherbergt eine Botschaft, die er nach außen trägt.

Wir wünschen uns, daß viele Menschen bewußter die Natur spüren können. Atmet öfter die göttliche Kraft der Natur ein.

Wir, die Christusenergie, frei von jeglicher Religion, sprechen durch diesen Kanal.

Wir sind aus vielen, vielen, ... Höheren Selbsts zusammengesetzt und dienen der Erde seit ihrer Entstehung.

Unsere Aufgabe ist es:

Alle Lebewesen, wie Mensch, Tier, Pflanze und das Erdbewußtsein selbst an die jeweilige eigene Intuition zu schließen.

Wir dienen als Katalysator, erkennen Chakra- und Karmablockaden und weisen auf Lösungswege hin, die den Prozeß beschleunigen, die eigene Intuition zu erhören.

Habt Liebe und Weisheit im Herzen.

Amen!

Christusenergie

Esoterik

ISBN 3-8138-0277-9, 224 S.

Vom gleichen Autor:

ISBN 3-8138-0217-5, 160 S.

Vom Aufbruch ins innere Abenteuer

„Da ist ein Vogel im Käfig, der mit den Flügeln gegen die Gitter schlägt."

Aus unseren vier inneren Fenstern heraus können wir geistige Bilder wahrnehmen, in denen häufig Tiere auftauchen, die die Lebensqualität unseres inneren Symbolismus repräsentieren – eine Verbundenheit von menschlicher Geistes- und Tiersphäre, wie sie in den Märchen und Mythen vom Helden, der aufbricht und auf ein Tier trifft, ganz konkret überliefert ist.

Durch die unvoreingenommene Akzeptanz der Tiererscheinungen kann eine Revitalisierung von Seele und Bewußtsein stattfinden, an verlorene Instinkte und Fähigkeiten angeknüpft werden.

Bücher aus dem Peter-Erd-Programm finden Sie überall im Buchhandel.
Fordern Sie das kostenlose Gesamtverzeichnis an bei:

Verlag Peter Erd • Gaißacher Straße 18 • 81371 München
Telefon (0 89) 7 25 30 04
Fax (0 89) 7 25 01 41

PE PETER ERD

Lebenshilfe

CREAMO CARDS

ISBN 3-8138-0308-2
1 Set besteht aus
64 farbigen Legekarten

PETER ERD

Schritt für Schritt mehr Lebensglück!

„Was unvorstellbar ist – ist sichtbar", lautet ein Aperçu des polnischen Autors Stanislaw Lec.

Die CREAMO CARDS sind eine wortwörtliche Umsetzung dieser Aussage. Denn die Karten bringen das auf den Punkt, was Ihnen über seelische und gedankliche Klippen in Alltag und Beruf hinweghelfen kann. Jede einzelne Karte dieses 64-teiligen Sets motiviert mit präzisen Formulierungen und einprägsamer Optik zu einer positiven Denk- und Sehweise. Und vor allem: Sie gibt ganz konkrete Handlungsanweisungen, die es Ihnen ermöglichen, Ihr eigenes kreatives Potential zu entdecken und umzusetzen.

Autoren sind der Neuropsychologe Dr. V. A. Maximilian und der Reiki-Meister Horst H. Günther, die das CREAMO-System auch in Seminaren anwenden. Letzterer ist auch Mitautor des bereits vorliegenden Buches „Reiki – Heile Dich selbst".

Bücher aus dem Peter-Erd-Programm finden Sie überall im Buchhandel.
Fordern Sie das kostenlose Gesamtverzeichnis an bei:

Verlag Peter Erd • Gaißacher Straße 18 • 81371 München
Telefon (0 89) 7 25 30 04
Fax (0 89) 7 25 01 41